*P*APILLONS

PAPILLONS

PIERRE COUDERC

PRÉFACE DE
PATRICK REUMAUX

HATIER

Légendes des photos : Grand Nacré (p. 4)
Petit Nacré (p. 9), gros plan ocelle
de Paon-de-jour (p. 6)

Papillons, texte et photographies de Pierre Couderc

Dépôt légal : N° 10 609, mars 1990
ISBN : 2 218 02482/9

Sommaire

Avant-propos

Les images qui suivent ne concernent que des papillons visibles durant les randonnées dans la nature, au printemps, en été ou en automne. Ce sont des images que j'aime parce qu'elles sont le résultat de joies, de déceptions, de travail, de chance.
J'ai appris la photographie en découvrant le monde fascinant de ces insectes aux métamorphoses complètes et spectaculaires et j'ai voulu, à travers ce livre, inciter le lecteur, le photographe amateur et l'amoureux de la nature, à participer à cette observation minutieuse par la pratique de la macrophotographie. J'ai souhaité également, dans ces pages, réaliser un document pédagogique utilisable à n'importe quel stade d'une étude des papillons. Le texte donne des conseils, précise la biologie des papillons et les conditions de prises de vue. J'espère enfin que ces images vous feront partager ma passion pour ces merveilleuses beautés éphémères, souvent ignorées et pourtant si proches de nous.

Pierre Couderc

TURATISSIMO

Il y a parfois, en septembre, des matinées difficiles à oublier. On se dit : le premier jour du monde, c'était comme ça. Pas de tache sur l'herbe, que de la rosée.

Nous explorions, Guy Redeuilh et moi, les bords de l'étang de Bourdon, dans le Loiret. Ma mère commençait à mourir. Guy m'avait emmené là pour me changer les idées. Sur la rive, même la lumière ne savait pas qu'elle était lumière, elle tremblait. Posé sur un rejet de Frêne, j'ai aperçu ce papillon que les auteurs anglais appellent Clifden Beauty *(Catocala fraxini)*. Les ailes supérieures : du crêpe de Chine. Les inférieures : un noir de suie barré d'un bleu non répertorié dans le répertoire des bleus. Un papillon duveteux, languide. On ne pouvait imaginer le voir voler, ou seulement de ce vol qu'ont les papillons dans les rêves, de lents battements d'ailes ou de cils, dans un temps qui n'est ni le temps ni la durée, mais quelque chose comme une figure courrière de l'éternité.

J'ai donc pris la beauté dans une papillote, ce que j'en ai fait ? Je l'ai tuée, étalée, épinglée. Pourquoi ? Trouvez vous-même. En lisant ce livre, vous découvrirez une « technique de remplacement ».

C'est pour les papillons, je crois, une première en France. Il y a d'innombrables livres dits « de nature ». Tous les mêmes : y défile le catalogue complet des lieux communs les plus bêtes sur l'innocence, le charme et la protection de la nature. Rien de tel ici. Ni écharpes de brume, ni pépiements d'oiseaux gonflant leur cornemuse dans les lumineux matins d'été. On parle objectif, luminosité, diaphragme. C'est nettement mieux. La beauté, dans « l'instantané », qui est le contraire de l'instant, est donnée par surcroît.

Et puis on retrouve (ce qui est rassurant) dans cette collection d'images le charme pervers de toute collection. Parlerai-je de cet entomologiste qui a étalé, dans une même boîte, cent vingt *Anthocharis cardamines*, c'est-à-dire cent vingt fois l'Aurore.

Papillons et perversité - demandez-vous pourquoi - sont inséparables. Des anecdotes ? À en pleuvoir. Il est extrêmement rare qu'un papillon soit gynandromorphe, c'est-à-dire pourvu des deux sexes. Qu'à cela ne tienne. On raconte qu'un naturaliste célébrissime, qui avait l'un des cabinets entomologiques les plus importants d'Europe, fabriquait des papillons gynandromorphes en coupant vivants dans l'axe du corps un mâle et une femelle, et soudait les deux moitiés qu'il vendait ensuite une fortune.

Et les raretés ! Il est inimaginable de penser à ce qu'est capable de faire un amateur pour acquérir *Coenonympha oedipus*, par exemple, un petit papillon d'une fabuleuse modestie que l'on ne « trouvait » (drainage et maïs sont passés par là) que dans les marais de Chautagne, en Savoie. La plante-hôte était un Carex. Plus de Carex, plus de *Coenonympha oedipus*.

Et Turati ? Tout le monde se rappelle la curieuse partie d'échecs entre Loujine et Turati dans *La Défense Loujine*. Je n'ai pas de nouvelles de Loujine, mais j'ai eu des nouvelles de Turati en parcourant le volume XI (années 1947-1948) de *L'Amateur de papillons*, publié sous la direction de Léon Lhomme, où sont énumérées les œuvres du comte Emilio Turati, en tout soixante-cinq publications, auxquelles manque évidemment le compte rendu de la partie d'échecs.

Les papillons ? Nabokov y perdit ce qui lui tenait lieu d'âme.

Patrick Reumaux

*L*A PHOTOGRAPHIE DES PAPILLONS AU FIL DES JOURS ET DES SAISONS.

J'ai mis très longtemps à m'intéresser à la photo. L'idée et la première joie me viennent alors que, normalien, un camarade de promotion nous propose un achat groupé d'appareils chez un photographe de sa connaissance. J'accumule alors les photos de copains, de stages, de voyages et de famille. De nombreuses vues trop sombres, des pieds et têtes coupés, des personnages campés dans des attitudes figées, une recherche de sujets aux couleurs criardes ont du mal à tempérer mon ardeur par manque d'un peu de sens critique. Une panne définitive de mon appareil mettra fin pour plusieurs années à mon expérience de photographe. Le besoin d'images pour l'exercice de mon métier mais aussi la naissance de mon premier enfant me rappellent que je ne possède plus d'appareil. Mon choix s'arrête sur le célèbre Zénit E, mais j'ai la chance de tomber sur un objectif Hélios 44 d'excellente qualité. Je m'en sers encore.

Vite, la photo de famille ne me suffit plus, je me tourne vers la photo de paysage. J'effectue de longues randonnées, achète des revues spécialisées et commence à admirer les fleurs. Elles sont merveilleusement festonnées et colorées. Elles reçoivent aussi un tas de visites. Pourtant, dans le viseur, même avec la mise au point minimale, c'est bien décevant ! L'acquisition d'un jeu de bagues allonges s'impose.

Je comprends alors que les fleurs sont plus majestueuses vues de près. Les premières satisfactions arrivent. Cependant, je vois de plus en plus de papillons au cours de mes périples ; dieu qu'ils sont beaux ! En avoir un de net, bien étalé sur la diapositive, un rêve qu'il va falloir concrétiser. Après de multiples recherches infructueuses, je tombai enfin sur un magnifique Paon-de-jour, il butinait des fleurs d'Eupatoire, le long d'un talus, près d'une petite route. J'approche furtivement, le doigt sur le déclencheur, ému, le cœur battant la chamade à l'idée que j'allais réussir la photo de ma vie. Malgré toutes mes précautions, à l'instant de vérité, il s'enfuit, pour se reposer aussitôt un mètre plus loin, semblant me narguer. Je fais ainsi le va-et-vient d'un côté à l'autre de la chaussée, sautant une murette par-ci, empruntant un chemin par-là, m'entravant sur une pierre, glissant sur le talus pour enfin réussir à le placer dans le cadre et déclencher ! Je fus rongé d'inquiétude les jours qui suivirent. Quand le film revint du laboratoire, je poussai un soupir de soulagement : ma séance de sport n'avait pas été inutile.

Cependant, tout ne fut pas réussi à partir de ce jour ! L'échec est souvent dû à des erreurs élémentaires mais aussi à des impondérables.

Je me souviens de cette fois où j'errais dans un chemin pentu. Attentif, le doigt sur le déclencheur, j'espérais « l'événement ». Soudain, là, devant moi, j'aperçois à l'extrémité d'une brindille de Saule, occupée à pondre, une magnifique femelle de Morio. La brise agite de temps à autre son fragile perchoir, mais elle s'arc-boute et poursuit son office.

L'insecte est encore petit et flou dans le viseur ; j'approche délicatement, tandis qu'un ronflement se rapproche. Le sujet est presque net, je vais pouvoir déclencher, attention... Non ! Je dois me jeter sur le côté pour laisser passer le tracteur vrombissant. Le Morio, dérangé, s'élance dans les airs et, après quelques hésitations, disparaît par-dessus les cimes. Je n'ai plus jamais revu ce spectacle !
C'était aussi un papillon qui pondait en ce mois de mai, sur un rameau de Cerisier de mon enclos. Je reconnus immédiatement une Grande Tortue, qui tend, localement, à se raréfier. Elle pondait à la base d'un gros bourgeon, mais au sommet de l'arbre, à trois mètres du sol ! C'était décidé, j'allais tenter l'aventure, pendant que la famille, lasse d'attendre, entamait le repas. Je disposai avec précaution une échelle contre le tronc et grimpai. Mon approche n'avait pas l'air de l'émouvoir et je pris, dans un équilibre instable, une vingtaine de clichés, en variant les cadrages. Hélas, la pellicule trop sensible (400 ISO) n'avait pas supporté les contrastes de lumière et le grain du film était de toute manière trop apparent. Il faut toujours s'assurer du type d'émulsion que nous avons glissée dans notre boîtier.
Cette fois, c'était une ponte de Petite Tortue que j'avais observée sur une touffe de jeunes Orties, le long d'un talus qui bordait un chemin communal, près de chez moi. Je décidai de ne rien toucher et de photographier au fur et à mesure de l'évolution. Quelques jours après, en revenant du travail, horreur !... Le cantonnier avait fait place nette.
À partir de ce moment, une grande partie de mes loisirs est consacrée à la photographie. Création d'un photo-club dans mon village, prises de vue, recherches d'informations techniques dans des livres et revues spécialisés, concernant essentiellement la photographie rapprochée.
Je réalise aussi des diaporamas que je présente dans mon village ou d'autres communes du département. Le premier succès à un concours rassemble mes photographies de papillons et de chenilles réussies. Certains membres du jury pensent pourtant qu'il s'agit de copies d'images de spécialistes.
Cet hommage non voulu et inattendu m'encourage évidemment plus que l'accessit décroché. Le soufflet et le petit flash électronique, achetés depuis peu, n'ont pas donné encore les résultats escomptés, faute d'un étalonnage correct. Un premier prix l'année suivante pour un diaporama utilisant de nombreuses images truquées d'insectes me permet d'acheter un flash plus puissant et un pied plus stable.
Je sens la nécessité de mieux connaître les insectes que je photographie. Je dois apprendre leurs habitudes et leur vrai développement. L'achat d'un appareil de grande marque, semi-automique, à cellule derrière l'objectif, beaucoup de patience et de passion vont m'ouvrir de nouvelles perspectives.

2

3

Machaon,
Papilio machaon.

1. Ce papillon, avant de s'envoler, finit de laisser sécher ses ailes qui, déployées, captent les rayons du soleil.

Lumière naturelle, objectif 50 mm + bagues allonges, film 64 I.S.O.

Paon-de-jour, *Inachis io.*

2. Ma première photographie réussie de papillon. Impatient, j'ignorais les précautions les plus élémentaires et engageais un véritable marathon avec mon modèle qui, après m'avoir longtemps nargué, consentit enfin à poser.

Lumière naturelle, objectif 50 mm + bague, diaphragme 8, vitesse 1/60e de seconde, film 64 I.S.O.

Morio, *Nymphalis antiopa.*

3. Ma première bonne photographie de naissance de papillon. J'avais d'abord travaillé à main levée, à l'extérieur, en lumière naturelle, mais celle-ci, insuffisante, imposait flou, sous-exposition ou grossissements médiocres. Après des tâtonnements et l'étalonnage de mon flash, je réussissais enfin. Mais je devais en être à la quinzième chrysalide de Morio.

Flash + réflecteur, diaphragme 16.

4

5

De séduisantes et éphémères créatures de l'air, symbole de la grâce fantasque.

Grand Paon-de-nuit, ***Saturnia pyri.***

4. Le plus grand papillon européen qui peut atteindre jusqu'à dix-huit centimètres d'envergure. Il apparaît en mai-juin. Il ne possède pas de trompe pour se nourrir et vit sur ses réserves.

Lumière naturelle, objectif macro.

Sylvaine, ***Ochlodes venatum.***

5. Espèce considérée comme intermédiaire entre les papillons de nuit et les papillons de jour. Les ailes antérieures sont relevées le jour, les postérieures sont horizontales la nuit.

Conditions de prise de vue non retenues.

Hachette, ***Aglia tau.***

6. De la même famille que le Grand Paon, il doit son nom aux dessins blancs de ses ailes. Il fréquente les forêts de Hêtres et de Bouleaux. La chenille se nourrit des feuillages.

Lumière naturelle, objectif macro.

6

7

8

Tabac d'Espagne,
Argynnis paphia.

7. Image primée à plusieurs concours et sélectionnée pour la coupe du monde de diapositives de nature, à Istanbul, en 1989.

Flash + réflecteur, objectif macro 100, diaphragme 16-22, film 64 I.S.O.

Moro-Sphinx,
Macroglossum stellatarum.

8. Doté d'une longue trompe, ce papillon de nuit visite les fleurs le jour en volant sur place. Il m'a fallu de nombreux essais avant de réussir à donner l'impression de mouvement des ailes tout en figeant le corps. Deux difficultés ont surgi : la rapidité du mouvement des ailes et les déplacements latéraux intempestifs du sujet.

Lumière naturelle, diaphragme 16, vitesse 1/250e de seconde, film 200 I.S.O.

Grande Queue fourchue,
Cerura vinula.

9. Grand et beau papillon de nuit qui vit près des Saules et des Peupliers où se développe sa chenille très originale.

Flash + réflecteur, objectif macro.

9

Mégère,
Lasiommata megera.

10. Papillon très commun dont la chenille vit sur diverses espèces de Graminées.
La photo représente un accouplement : on distingue la tête et les antennes du deuxième papillon vers le bas de l'image.

Lumière naturelle, objectif 50 mm + bague allonge hélicoïdale, film 200 I.S.O.

Brentis daphné,
Brentis daphné.

11. Très beau papillon, cousin du Tabac d'Espagne. Il apparaît au début de l'été. Sa chenille se nourrit de feuilles de Ronces et de Violettes.

Flash + réflecteur, objectif macro 100.

C blanc,
Polygonia c-album.

12. Papillon photographié quelques minutes après sa naissance. Il est reconnaissable au C blanc dessiné sur ses ailes découpées. La richesse des tons est remarquable.

Flash + réflecteur, fond éclairé, objectif macro 100 mm.

Machaon,
Papilio machaon.

13. Imago séchant ses ailes.

Objectif 50 mm, bague allonge, appareil Zenith E.

10

11

13

15

Aurore,
Anthocharis cardamines.

14. 15. Papillon photographié en gros plan pendant le séchage de ses ailes. Chenille sur des fleurs de Cardamine. La période d'apparition d'un papillon dépend assez souvent de la présence de la plante nourricière de sa chenille. Moins elle fréquente d'espèces, plus la durée d'apparition risque d'être brève. C'est pour cette raison que l'Aurore est visible dès que les Cardamines des prés sont en fleur.
Le temps pour la chenille de se développer en consommant les inflorescences, de se métamorphoser en chrysalide sur un buisson, et la plante aura disparu jusqu'à l'année suivante. Cela implique une seule génération par an dans le cas de cette espèce.

Flash + réflecteur, fond éclairé, objectif macro.

Petit Sylvain,
Ladoga camilla.

16. La chenille de ce papillon hiberne sur le Chèvrefeuille, sa plante nourricière, et reprend son développement au printemps.

Conditions de prise de vue non retenues.

Flambé,
Iphiclides podalirius.

17. Imago séchant ses ailes.

Conditions de prise de vue non retenues.

26
27

L' OBSERVATION DES PAPILLONS : UNE ÉCOLE DE LA NATURE ET DE LA VIE.

Insectes butineurs et fugitifs, les papillons sont, avec un peu d'expérience, assez faciles à approcher. C'est la chaleur des rayons du soleil, captée par leurs ailes, qui leur procure la vivacité nécessaire pour continuer à voleter. Ils seront donc plus faciles à photographier le matin ou le soir, aux moments les moins chauds de la journée, ou pendant la nuit.

Les papillons dorment dissimulés, par exemple, dans les feuillages ou les hautes herbes. Vous trouverez sans difficulté, à l'aide d'une lampe électrique, des Argus, des Myrtils ou des Demi-Deuils accrochés aux tiges ou posés sur les fleurs de plantes basses. Aucun danger de fuite puisqu'ils sont engourdis par le froid ! Un soir, au cours d'une promenade au clair de lune, je constatai la présence de Nacrés endormis sur des fleurs, dont j'appréciai la beauté grâce à ma torche électrique. Sans appareil, je sectionnai une tige avec mes ongles, saisissai la fleur et rentrai chez moi (500 mètres) pour photographier en studio le Petit Nacré perché sur sa fleur. Il s'envola juste après, la lumière allumée pour la préparation du cliché l'ayant réchauffé !

De jour, approchez plutôt ceux qui butinent, évitez les déplacements d'air, les gestes brusques et votre ombre portée sur le papillon choisi. Approchez à contre-jour, c'est idéal pour photographier en pleine nature à la lumière naturelle. À une dizaine de centimètres du sujet, vous pourrez prendre plusieurs clichés. S'il fuit, pas de lamentations, restez immobile, il reviendra le plus souvent quelques secondes après.

Chaque papillon est attiré par le nectar de certaines fleurs qu'il reconnaît à la vue. Il perçoit les couleurs et préfère les nuances du rose au violacé. Si vous en trouvez occupés à se nourrir sur leurs plantes préférées, vous aurez tout le temps d'opérer, même en plein midi. Enfin, un papillon qui vient de subir une métamorphose ou d'éclore reste immobile de longues minutes pour se sécher. Il n'a alors aucun défaut et c'est le plus bel instant pour le photographe.

Les meilleures photos sont, pour ce qui me concerne, celles qui montrent l'insecte en situation, c'est-à-dire luttant pour vivre ou assurer sa descendance. Insectes naissant, se nourrissant, s'accouplant ou se métamorphosant seront les sujets les plus difficiles. L'action est souvent imprévisible et fugitive. Il vous faudra beaucoup de patience et de connaissances sur la vie de ces modèles pour saisir de tels moments.

Si, dès le mois de février, vous pouvez observer des Citrons ou des Morios, c'est surtout au printemps qu'il vous faut entreprendre les recherches : en mai, les jeunes Orties sont le refuge des chenilles de Petite Tortue ou de celles de Paon-de-jour, qui vivent en colonies jusqu'au moment de leur chrysalidation. Les mois d'été sont riches en papillons. Nombre de fleurs les attirent et les occupent. Je me souviens d'un début d'après-midi torride d'août durant lequel bêtes et gens se tenaient à l'ombre. J'avais pourtant décidé

d'effectuer ma ronde quotidienne, appareil à la main. Je m'approchai de quelques Chardons en pleine floraison et aux sucs convoités par une multitude d'insectes. Une bonne quinzaine de Citrons et Piérides du Chou, peu farouches, faisaient un festin de roi et ne se déplaçaient que de quelques centimètres pour trouver une fleur nouvelle. Le passage sur chaque fleur durait près d'une minute. Je fis une longue série de clichés, prenant mon temps, choisissant les éclairages, avec, pour seul inconvénient, le soleil encore haut qui compliquait ma tâche.
En été et en automne, les chenilles rampent dans l'herbe, traversent les routes, dévorent les feuillages. En septembre-octobre, les Orties se peuplent de chenilles de Vulcain, faciles à élever, d'autant plus qu'elles se chrysalident sur la plante-hôte. Les Colias, Damiers et Piérides sont abondants jusqu'aux premières gelées. En hiver et avec un peu de chance, vous trouverez des chenilles et des chrysalides qui hibernent. Il est toutefois plus prudent de recueillir des chenilles adultes à l'automne. Vous les verrez se chrysalider et aurez le temps de vous préparer pour suivre l'éclosion des imagos au printemps. Pour les gens pressés, il est possible de laisser les chrysalides au froid pendant quelques jours, puis de les mettre à la chaleur de l'intérieur. Les Machaons et Flambés, croyant l'hiver fini, reprennent leur développement. Inversement, des photographes « rangent » leur chrysalide, et leur déception est à la hauteur de leur imprévoyance face à la naissance prématurée. Des chenilles telles que les Processionnaires du Pin restent actives à la mauvaise saison. Recherchez les arbustes pour avoir des nids à hauteur de votre objectif. Photographiez les chenilles de nuit quand elles sortent pour dévorer les aiguilles. N'emmenez pas le nid chez vous ! Vous risqueriez de récupérer ces charmantes petites bêtes aux quatre coins de la maison ! J'ai eu ce problème avec un élevage de chenilles de Grand Paon-de-nuit. Je renouvelais régulièrement les feuillages des chenilles qui atteignaient plusieurs centimètres. Un jour, après une absence de quelques heures, je ne vis plus que trois ou quatre chenilles sur plus de cinquante. Arrivées à la fin de leur développement, elles s'étaient dispersées. Les jours suivants, nous en avons trouvé dans le garage, les escaliers, la cuisine et même une chambre ! Étant le seul à apprécier ces bestioles, ma famille était ravie !
Si, pour une meilleure photo, vous envisagez de déplacer votre sujet, ne le posez pas sur le premier rameau trouvé. Une chenille de Paon-de-jour n'ira jamais sur du Noisetier. Ne disposez pas non plus votre papillon mort ou vif sur n'importe quelle fleur ! Un Grand Mars ne les fréquente jamais ! Un Machaon n'apprécie que le nectar de Trèfle ou de Luzerne ! Attention aussi à ces beaux papillons, ailes étalées, sur des fleurs écarlates ! Un Citron ne se pose jamais ainsi. Ces erreurs montrent que les papillons ont pu être photographiés morts, mais surtout témoignent d'une méconnaissance totale de leur mode de vie. Pour photographier certaines étapes de la vie des papillons, il est parfois

utile d'en pratiquer l'élevage. Il faut alors veiller à renouveler les feuillages avant que les larves achèvent leur nourriture et aillent chercher ailleurs ce qui leur manque. Même si les larves se nourrissent de plusieurs espèces de plantes, veillez à les approvisionner toujours avec la même. Si vous réalisez des séquences photographiques, il est préférable que l'environnement du sujet soit semblable. C'est un peu le même problème que pour accorder les différents plans d'une séquence de films. Les plantes doivent être jeunes, tendres, mais vigoureuses avec des limbes de feuilles bien développées. Pour éviter qu'elles fanent, j'utilise de petites bouteilles remplies d'eau au maximum, dans lesquelles j'enfonce deux ou trois tiges. Je surveille aussi l'évaporation et je maintiens les plantes dressées en enfonçant sur le goulot un bouchon de papier. Chaque apport de plantes se fait à l'aide d'une nouvelle bouteille, placée à proximité de la précédente que l'on retirera dès que les chenilles auront déménagé. Attention cependant aux fils de soie qu'elles n'auront pas manqué de tisser pour se rendre sur le lieu de leur nouveau festin. Pour éviter toute évasion en dehors des prises de vue, je dispose le tout dans une cage grillagée. À la fin du développement, il ne faudra pas oublier de glisser des tiges ou des rameaux pour permettre aux chenilles de se fixer. L'inconvénient est que la majorité d'entre elles ne manquera pas de choisir le toit ou les montants de la cage. Dès que l'on a obtenu les chrysalides, la cage grillagée n'est bien sûr plus utile. Les gens adroits pourront retirer délicatement les nymphes fixées sur la cage et, au moyen d'un léger fil de colle transparente, les accrocher sur un rameau. Facile pour les chrysalides suspendues, mais très délicat pour reconstituer l'anneau des chrysalides dressées.

Vous avez souvent entendu cette exclamation : « Ah ! si j'avais eu mon appareil ! » Et à ce sujet, voici une anecdote. Au cours d'une promenade sans but précis, j'aperçus à un détour du sentier une Amophile traînant à grand peine, entre ses pattes, une chenille verte et lisse – les Amophiles sont des insectes de la famille des Hyménoptères qui ont la particularité de pondre à l'intérieur de chenilles qu'elles ont paralysées. Quelques jours après, les larves éclosent et s'en nourrissent. Celle que j'observais traversa le chemin et entreprit l'ascension du talus abandonnant provisoirement son fardeau pour contourner un obstacle et le hisser à nouveau. Celui-ci chutait parfois, mais avec ténacité, l'Amophile renouvelait ses efforts. Au bout d'une dizaine de minutes, l'insecte avait atteint une pierre plate, presque au sommet. C'est alors que surgit, du fond de son trou, un Lézard gris des souches. Il fondit sur la larve et se mit un peu à l'écart pour savourer sa rapine. L'Amophile ne l'entendait pas ainsi et tenta de récupérer son bien, attaquant le Lézard de tous côtés. Celui-ci exaspéré abandonna quelques instants l'objet de convoitise et tenta de happer le gros insecte qui finalement dut se rendre à l'évidence : il serait plus sage de chercher une autre chenille. Le reptile, enfin tranquille, pouvait prendre le temps de déguster ! Et moi... j'avais les mains dans les poches !

Piéride du Chou,
Pieris brassicae.

18. Papillon considéré comme nuisible ; mais malgré une guerre sans merci, il reste l'un des plus communs de nos papillons et chacun peut le voir, de son vol saccadé, aller de fleur en fleur.

Lumière naturelle, contre-jour, film 64 I.S.O.

Damiers Athalie,
Mellicta athalia.

19. Couple endormi sur une Jacée. Photo prise au début de la nuit, en été, dans les hautes herbes d'un pré en friches.

Flash électronique + réflecteur, diaphragme 16, objectif macro 100 + bague allonge.

Belle-Dame,
Cynthia cardui.

20. Papillon photographié en fin d'après-midi, au printemps.

Lumière naturelle, film 64 I.S.O.

Citron,
Gonepteryx rhammi.

21. Ce mâle butine des châtons de Saule au début du printemps. Cette espèce hiberne au stade imago. Elle est aussi l'une des premières que l'on peut voir voler et il n'est pas rare de l'apercevoir en plein hiver par une journée ensoleillée.
Ne trouvant pas de nectar, il puise sur ses réserves et réduit son espérance de vie.

Lumière naturelle, contre-jour, film 64 I.S.O.

19

20

22

23

C'EST AU PRINTEMPS ET EN ÉTÉ,
PAR LES CHAUDES JOURNÉES ENSOLEILLÉES,
QUE L'ON VOIT LE PLUS LES PAPILLONS.

24

Tabac d'Espagne,
Argynnis paphia.

22. Papillon en train de butiner des fleurs de Buddleia, en début d'après-midi, par une belle journée d'août. Cette grande espèce commune, peu farouche, fréquente les haies, les lisières et les jardins fleuris.

Flash plein jour, monté sur une baguette, diaphragme 22, film 64 I.S.O.

Goutte-de-sang,
Tyria jacobaeae.

23. Ce papillon vient juste de sortir du cocon.

Flash + réflecteur, objectif macro 100, film 64 I.S.O.

Grand Collier argenté,
Clossiana euphrosyne.

24. Il aime les prairies et les broussailles. La chenille se nourrit de feuilles de Violettes et hiberne dans une feuille enroulée.

Flash + réflecteur, objectif macro + bague allonge.

Souci et Argus bronzé,
Colias crocea et
Lycaena phlaenas.

25. Les deux papillons butinent une Reine-Marguerite.

Lumière naturelle, objectif macro 100 mm et bague + bague allonge film 64 I.S.O.

Grand Mars changeant,
Apatura iris.

26. C'est la femelle qui est photographiée ici. Ce papillon, l'un des plus grands diurnes, ne se rencontre qu'en plein été. Seul le mâle a les reflets bleus changeants bien connus. Les femelles demeurent d'habitude vers la cime des arbres.

Prise de vue réalisée en studio, flash + réflecteur, des rameaux bien feuillus ont été disposés en arrière pour servir de fond.

Grand Damier,
Melitaea phoebe.

27. La chenille vit sur le Plantain et la Centaurée. Ce papillon a plusieurs générations par an.

Conditions de prise de vue non retenues.

Demi-Deuil,
Melanargia galathea.

28. Il apparaît en juin, quand sa chenille pourra se nourrir de diverses Graminées. Elle terminera son développement au printemps suivant, de manière à ce que les éclosions aient lieu au bon moment.

Conditions de prise de vue non retenues.

25

26

28

29

30

31

Zygène de la Filipendule,
Zygaena filipendulae.

29. Ce papillon, dit de nuit, vole en plein soleil. Ses couleurs vives, métallisées, signalent aux éventuels prédateurs qu'il est inconsommable (les Zygènes renferment du cyanure !).

Flash électronique, objectif macro 100 mm + bague allonge.

Machaon,
Papilio machaon.

30. C'est certainement l'un des plus élégants d'Europe, recherché par les collectionneurs et les photographes. Il n'est pas vraiment rare, mais n'est cependant jamais abondant. Sa famille, les Papilionidés, comprend les plus belles espèces qui existent au monde.

Lumière naturelle, appareil « Zénith », objectif 50 mm + bague.

Tabac d'Espagne,
Argynnis paphia.

31. J'ai poursuivi cette espèce plusieurs jours et pris de nombreux clichés avant de réussir ce que j'espérais avec mon « Zénith rudimentaire ».

Lumière naturelle, contre-jour, objectif 50 mm à présélection manuelle et bague allonge.

Grand Nacré,
Mesoacidalia aglaja.

32. Papillon sur des fleurs de Buddleia.

Flash, objectif macro 100.

Silène,
Brintesia cirse.

33. Grand papillon aimant fréquenter les Chênaies. Il se pose sur le sol ou sur les troncs d'arbres. Très craintif.

Conditions de prise de vue non retenues.

Mégère,
Lasiommata megera.

34. Papillon commun au bord des routes, des champs et dans les friches. La chenille vit sur les Graminées. Deux ou trois générations par an.

Conditions de prise de vue non retenues.

Colias, *Colias*.

35. Papillon au repos sur des fleurs de Lupin.

Objectif macro 100, flash, réflecteur.

32

33

DES FASCINANTS ET BEAUX INSECTES À MÉTAMORPHOSES COMPLÈTES.

Nés dans la nuit des temps, voilà plus de deux cent cinquante millions d'années, les insectes comptent aujourd'hui plus d'un million d'espèces (près de quatre-vingts pour cent du règne animal) dont cent mille de papillons. Ceux-ci occupent presque tous les types de climat et de terrain, de la mer jusqu'à deux mille mètres d'altitude. Six mille espèces, dont quatre cents environ de diurnes, vivent en Europe.

Le squelette des papillons, comme celui de tous les insectes, est extérieur. Cet exosquelette est constitué de plaques rigides reliées par des membranes articulaires souples. La partie supérieure appelée cuticule est composée de chitine, substance ressemblant à de la corne. Le squelette sert de support pour les muscles de protection et constitue un système de contrôle de l'évaporation.

Le corps se divise en trois parties, qui sont la tête, le thorax et l'abdomen. La tête comporte les pièces buccales de type suceur – palpes labiaux et trompe –, les antennes, organes olfactifs, tactiles et auditifs. Elles permettent à l'insecte l'orientation en vol et le choix de la nourriture et du partenaire. Elles sont de type claviforme, extrémité en massue, chez les diurnes, filiformes, denticulées, pectinées... chez les nocturnes (appelés Hétérocères, mot d'origine grecque signifiant antennes de formes différentes). Les yeux, placés sur les côtés, immobiles, grands et globuleux, sont composés d'ommatidies, milliers d'yeux simples élémentaires. Ils procurent à l'insecte, néanmoins myope, un vaste champ de vision, percevant l'ultra-violet mais rarement le rouge.

Le thorax porte trois paires de pattes sur la face ventrale. Chez certaines espèces comme les Vanesses, la paire antérieure, atrophiée et accolée au corps, se remarque difficilement. Deux paires d'ailes, minces, sur le dos, de grande surface et aux deux faces couvertes d'écailles imbriquées, déterminent les couleurs du papillon, son espèce, sa capacité à capter la lumière et la chaleur et, par conséquent, son biotope. Les couleurs claires renvoient la lumière et obligent les insectes comme le Machaon ou le Flambé à ne sortir que par les chaudes journées ensoleillées. Chez les papillons de nuit, les écailles plus épaisses, souvent allongées, ainsi que les couleurs plus sombres limitent les pertes de chaleur et autorisent le vol de nuit ou sous les couverts.

Quelques rares papillons, Sphinx-Bourdon et Sphinx gazé notamment, ont les ailes presque totalement transparentes du fait de l'absence d'écailles. Cela permet de bien comprendre la structure des ailes, faite d'une membrane transparente rendue rigide par les nervures, support sur lequel s'imbriquent les écailles. Certains mâles possèdent des écailles odoriférantes. Les ailes antérieures commandent le vol. Contrairement aux oiseaux et aux chauves-souris, pour lesquels les ailes ne sont qu'une adaptation des membres antérieurs, les ailes du papillon constituent un organe spécifique à la fois fragile, déformable et capable de résister aux formidables pressions exercées par l'air durant le vol. Celui-ci permet un déplacement rapide du papillon, parfois sur de grandes distances, comme en témoignent les migrations. Ces déplacements ne sont pas gratuits, mais liés à des nécessités vitales : quête de nourriture, fuite devant un prédateur, recherche d'un partenaire, parades, nécessité d'échapper à la mauvaise saison... On peut ainsi les voir planer, virevolter, plonger ou s'élever, mais aussi se déplacer plus haut dans le ciel en longues colonnes migratrices.

En avril-mai 1988, on a observé d'importants vols de Belles-Dames dans le Vaucluse, la Drôme puis le Puy-de-Dôme, l'Allier, le Cantal, la Corrèze et la Lozère. Le vol est plus ou moins rapide selon les espèces mais reste de l'ordre de quelques km/h. Il est toujours battu, mais accompagné de longs planés chez le Flambé et les Vanesses par exemple. Chez les Sphinx, ce sont les battements très rapides des ailes qui leur permettent de butiner en vol stationnaire.

Remarquons enfin que les papillons de nuit élèvent la température de leur corps avant de s'envoler en faisant vibrer un moment leurs ailes, alors que les papillons de jour n'ont qu'à les étaler au soleil. Les ailes postérieures, synchronisées, même abîmées, ne l'empêchent pas de voler. Au repos, les papillons diurnes, appelés Rhopalocères, replient les ailes à la verticale – permettant au papillon de se confondre avec le milieu. Celles des papillons nocturnes, les Hétérocères, recouvrent le corps en toit ou à plat. Les antérieures, homochroniques, cachent les postérieures plus vives.

L'abdomen se compose de huit segments chez le mâle, sept chez la femelle. Les derniers portent les organes de reproduction : appareil de fixation chez le mâle, ovipositeur chez la femelle.

Mâles et femelles se distinguent souvent par des couleurs ou un dessin différents sur la face inférieure des ailes. On le remarque bien sur la photographie montrant un accouplement d'Argus. Dans d'autres cas, Machaon par exemple, c'est la forme des ailes qui diffère. Chez les papillons nocturnes, les antennes sont plus imposantes pour les mâles.

La durée de vie de l'insecte à son dernier stade est éphémère, deux ou trois semaines au plus. Le Citron, qui hiberne ce stade, vit exceptionnellement une dizaine de mois dont au moins neuf à l'état de vie ralentie. Un cycle de vie dépasse rarement l'année. Certaines chenilles, sous de mauvaises conditions climatiques, peuvent cependant stopper leur développement. La chrysalide du Grand Paon-de-nuit est capable d'attendre deux ou trois hivers avant d'entamer sa métamorphose. Un hiver clément n'est pas toujours une bonne affaire. Ainsi, le Citron se permettra quelques promenades, sans possibilité de nourriture et entamera sérieusement sa réserve d'énergie. Ses chances d'assurer la descendance au printemps seront sérieusement compromises.

37

Petit Nacré,
Issoria lathonia.

36. Ce papillon aime les Violettes et les Pensées sauvages.

Conditions de prise de vue non retenues.

Damier athalie,
Mellicta athalia.

37. Sa chenille noire et épineuse hiberne en colonie dans un nid de soie, sous la plante-hôte.

Conditions de prise de vue non retenues

Flambé,
Iphiclides podalirius.

38. Gros plan montrant pattes et ailes fixées au thorax.

Lumière naturelle.

38

Grand Paon-de-nuit,
Saturnia pyri.

Remarquez les antennes pectinées très développées chez le mâle (39), alors que les antennes sont plus filiformes et plus courtes chez la femelle (40). Le corps velu et les couleurs sombres limitent les pertes de chaleur.

Flash, réflecteur, objectif macro 100.

Piéride du Chou,
Pieris brassicae.

41. Gros plan de la tête.

Flash, réflecteur, soufflet.

Belle-Dame,
Cynthia cardui.

42. Papillon se séchant.

Conditions de prise de vue non retenues.

39

40

41

43

UNE ÉTONNANTE MOSAÏQUE DE COULEURS QUE DESSINENT LES ÉCAILLES IMBRIQUÉES DE LEURS AILES.

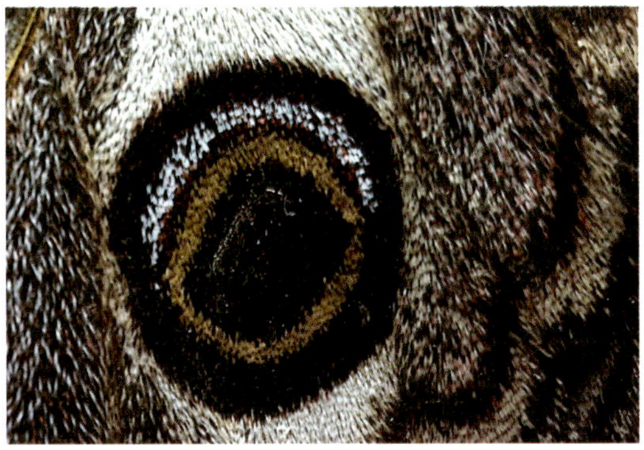

44 . 45 . 46

Némusien,
Lasiommata maera.
43. Gros plan d'aile.

Grand Paon-de-nuit,
Saturnia pyri.
44. Gros plan de l'ocelle, aile antérieure. Les écailles sont plus épaisses et plus allongées.

Pour les images 43 et 44 : flash, réflecteur, soufflet, grossissement 2.64, diaphragme 16.

Petit Nacré,
Issoria lathonia.
45. Gros plan de l'aile postérieure face inférieure, montrant les taches nacrées. Elle sont le résultat d'inclusions d'air sous les écailles.

Flash, réflecteur, soufflet, grossissement 2.64, diaphragme 16.

Machaon,
Papilio machaon.
46. Gros plan de l'ocelle de l'aile postérieure.

Flash + réflecteur, grossissement 2.64, soufflet et objectif 50 mm inversé.

47. 48

Vulcain, ***Vanessa atalanta.***
47. Gros plan d'aile.

C blanc,
Polygonia c-album.
48. Gros plan d'aile.

Paon-de-jour, ***Inachis io.***
49. Gros plan de l'aile antérieure permettant de distinguer les écailles imbriquées et différemment coloriées.

Pour les trois images 47, 48, 49 : flash, réflecteur, soufflet, grossissement 2.64, diaphragme 16.

49

50

51

CLAIRES, SOMBRES OU TRANSPARENTES,
LES AILES DIFFÈRENT SOUVENT
ENTRE LE MÂLE ET LA FEMELLE.

52

Souci, ***Colias crocea.***

50. Le papillon est en train de butiner.

Lumière naturelle, objectif macro 100.

Flambé,
Iphiclides podalirius.

51. De couleur claire, c'est un papillon que l'on ne voit que par les journées chaudes et ensoleillées.

Lumière naturelle, objectif macro 100, diaphragme 11, film 64 I.S.O.

Argus bleus,
Polyommatus icarus.

52. Dans cet accouplement, on peut distinguer les couleurs et dessins différents d'un sexe à l'autre, la femelle, plus foncée, est en haut de l'image

Flash + réflecteur, objectif macro 100 mm + bague allonge.

C blanc ou Robert-le-Diable ou Gamma,
Polygonia c-album.

53. Des ailes qui ressemblent à l'écorce brune des arbres.

Flash, film 64 I.S.O.

53

55

Sphinx gazé,
Hemaris fuciformis.

54. Ce papillon de nuit, qui a la particularité de voler le jour, fréquente clairières et jardins. Ses ailes sont transparentes avec des écailles seulement sur le pourtour. Photographié ici volant sur place, en train de butiner des fleurs de Buddleia en milieu de matinée.

Flash sur le boîtier, fixé sur une rotule, objectif macro 100 + bague allonge.

Citron,
Gonepteryx rhammi.

55. Mâle butinant des Chardons photographié en tout début d'après-midi.
56. Femelle photographiée à contre-jour. Sa couleur d'un blanc verdâtre la distingue du mâle de couleur jaune vif.

(55) Lumière naturelle, film 64 I.S.O. - (56) Lumière naturelle, objectif macro 100, film 64 I.S.O.

56

Gazé,
Aporia crataegi.

57. Ce papillon a été photographié sur des Œillets de montagne. Ses chenilles vivent en colonies sur les arbres fruitiers et peuvent occasionner d'importants dégâts.

Lumière naturelle, objectif macro 100 mm, film 64 ISO.

Machaon,
Papilio machaon.

Mâle (58) butinant une fleur de Trèfle. La forme des ailes est différente chez la femelle (59).

Flash + réflecteur, objectif macro + bague allonge, diaphragme 16-22.

57

58

60

CES INSECTES BUTINEURS SAVENT
RECONNAÎTRE LEURS
FLEURS ET PLANTES PRÉFÉRÉES.

61

62

63

64

Vulcain ou Amiral,
Vanessa atalanta.

60. La plante nourricière de sa chenille, l'Ortie, pousse du printemps jusqu'au début de l'hiver. Aussi rencontre-t-on ce papillon jusqu'en décembre quand le temps est clément. Ce sont alors des papillons de deuxième ou troisième génération !

Flash + réflecteur, objectif macro 100.

Morio, *Nymphalis antiopa.*

61. Il vient d'émerger de sa chrysalide. On remarque sa trompe semi-déroulée, aux tubes encore mal soudés.

Flash, objectif macro 100
+ bague allonge.

Craintive ou méticuleuse,
Phlogophora meticulosa.

62. Surprise suçant la rosée, trompe longuement déployée.

Flash + réflecteur, objectif macro 100
+ bague allonge, diaphragme 16.

Sphinx à Tête-de-Mort,
Acherontia atropos.

63. La courte trompe du Sphinx ne l'empêche pas de se nourrir ; le miel est son régal et il n'hésite pas à s'introduire dans les ruches. Ses ailes épaisses le mettent à l'abri des piqûres.
64. Gros plan de la tête montrant la courte trompe.

Flash + réflecteur, objectif macro 100,
film 64 I.S.O.

À LA MAUVAISE SAISON,
CERTAINS PAPILLONS HIBERNENT,
D'AUTRES MIGRENT VERS LE SUD.

Morio, ***Nymphalis antiopa.***

65.Certains papillons de cette espèce migrent en Asie, Europe et Amérique du Nord. Les autres ne volent que quelques jours avant d'hiberner jusqu'au printemps suivant. Ce très beau papillon, qui fréquente les forêts et les lisières, s'abîme malheureusement vite.

Lumière naturelle, objectif standard 50 mm + bagues allonges.

Belle-Dame,
Cynthia cardui.

66. Papillon migrateur originaire d'Afrique du Nord. Les papillons de dernière génération retournent vers le sud, avant les premières gelées. La chenille se nourrit d'Orties et de Chardons.

Flash + réflecteur, objectif macro 100.

65

APRÈS L'ACCOUPLEMENT ET
LA PONTE NAISSENT
DE SPECTACULAIRES CHENILLES.

Le but essentiel de l'imago, c'est-à-dire du papillon adulte, est d'assurer la descendance. C'est d'habitude le mâle qui recherche une compagne et tente de la séduire par sa beauté (pour les papillons de jour tout au moins). L'accouplement peut être précédé d'une parade faite d'éloignements, de rapprochements, de ronds vifs entrecoupés de phases de repos sur une feuille ou sur le sol. Durant ces périodes, ils ouvrent et ferment alternativement les ailes. Le mâle, grâce à ses antennes, peut localiser l'odeur de la femelle à plusieurs kilomètres. C'est le cas de papillons de nuit tels que le Grand Paon. La femelle émet des molécules de substances chimiques, à l'odeur caractéristique pour chaque espèce. Véhiculées par l'air, ces molécules peuvent parcourir de longues distances avant d'être captées par les antennes particulièrement développées d'un mâle. On m'avait apporté un jour une femelle que j'ai laissée agrippée à un rameau quelconque, dans le sous-sol de mon pavillon. J'avais laissé les fenêtres ouvertes durant cette nuit particulièrement clémente. Le lendemain, je découvris deux papillons accouplés, tandis qu'un deuxième mâle, un peu plus loin, semblait espérer son tour !

Tout papillon naît d'un œuf et subit différentes transformations appelées métamorphoses. Le papillon est un insecte à métamorphoses complètes, en quatre stades : œuf, chenille, chrysalide ou nymphe, imago. Certains, comme le Machaon ou le Flambé, pondent les œufs un à un, d'autres, tels le Paon-de-jour ou la Carte géographique, en petits tas sur les feuilles, les tiges ou parfois les bourgeons. La ponte peut aussi avoir lieu dans le voisinage de la plante, sur des pierres, des branches ou les fentes d'écorce. Les femelles, guidées par l'odorat, sont capables de reconnaître la plante nourricière de leur chenille. D'autres enfin, comme les satyridés, pondent en plein vol, au hasard. Leurs chenilles, polyphages, trouveront facilement leur nourriture.

Petits, de deux dizièmes de millimètre à trois millimètres, les œufs sont de forme variable : ils peuvent être globuleux, coniques, aplatis, lisses ou côtelés, striés, cannelés... Leur nombre peut varier de deux douzaines (Flambé, Machaon) à plusieurs centaines (Écaille). On les trouve entassés les uns sur les autres (Sphinx, Paon-de-jour), disposés côte à côte (Piéride), enroulés en manchons autour d'une tige (Morio, Livrée), empilés les uns sur les autres, réalisant ainsi de petites tours (Carte géographique).

La coque est le plus souvent transparente et incolore, ce qui explique les modifications de couleurs au fur et à mesure du développement de la chenille, qui vont du clair au noir, couleur de la tête de la chenille.

À maturité, la chenille découpe un opercule au sommet de la paroi de l'œuf, rongeant celui-ci d'un mouvement tournant. Il constituera sa première nourriture dès l'éclosion. Les chenilles, ou larves, possèdent un appareil buccal masticateur très développé.

Au-dessous, se situe l'orifice de la filière sécrétant le fil de soie produit par les glandes séricigènes. De chaque côté, sur les capsules céphaliques, plusieurs yeux simples, petits, peu visibles, procurent à la chenille une vision bien limitée.

De forme cylindrique, les chenilles possèdent trois paires de pattes thoraciques ou vraies pattes, les segments abdominaux portant des fausses pattes ou pattes ventouses. On appelle pattes anales celles du dernier segment. En Europe, leur taille peut varier de quelques millimètres à une bonne douzaine de centimètres. La peau est nue ou recouverte de poils parfois épais, longs et même irritants (Écaille, Processionnaire). Des bosses épineuses impressionnantes mais sans danger pour l'homme hérissent parfois leur dos. Les chenilles tentent d'échapper à leurs prédateurs grâce à ces parures, mais aussi par leurs couleurs vives ou leurs dessins camouflants. Elles adoptent également des comportements dissuasifs : se raidir, s'accrocher fortement ou se laisser tomber, faire les mortes, dévaginer un osmérium malodorant ou prendre une attitude d'intimidation. La nature fait preuve de beaucoup d'imagination et l'on peut voir parfois d'étranges chenilles qui font les délices du photographe. La Queue fourchue a remplacé sa paire de pattes anales par une fourche puante et agressive. La chenille du Hameçon a substitué ses pattes par une extrémité relevée et effilée, tandis qu'elles ont purement disparu sur la chenille de Bois veiné. Quant à la Psyché du Gramen, elle s'enferme dans un fourreau, à la manière des larves de Phryganes, bien connues des pêcheurs (Casières) et qui, elles, vivent dans l'eau.

Des concours de circonstances, conditions climatiques, disparition de prédateurs et d'autres causes encore mal cernées provoquent un déséquilibre et des invasions de chenilles. Les agriculteurs ne manquent pas de traiter leurs champs de Choux qui pourraient être rapidement envahis par les Piérides, qui se développent ici grâce à une surabondance de nourriture provoquée par l'homme. En 1986, le village de Vif, en Isère, fut envahi par des millions de chenilles (selon les médias), de Cul brun vraisemblablement. Une autre invasion était signalée, de la même espèce, quelques jours plus tard, au nord-ouest de l'Allier, aux confins du Cher et de la Creuse. Elles dévorèrent le feuillage de centaines d'arbres et couvrirent d'un tapis grouillant de quatre cents mètres la voie ferrée Grenoble-Digne. Cet excès reste toutefois exceptionnel sous nos climats tempérés.

L'aspect d'une chenille caractérise souvent sa famille. Les chenilles de Sphinx sont reconnaissables à leur corne anale, les Écailles à leur épaisse toison brune, les Vanesses à leurs bosses épineuses.

La majorité des chenilles se développent en été, au moment où la nourriture est la plus abondante et la plus variée. Certaines espèces ayant deux ou trois générations ont un cycle de vie d'à peine un mois durant cette saison. Celles de la dernière génération hibernent, ou le plus souvent se transforment en chrysalides, forme hivernale la plus courante. Les chenilles peuplent les plantes basses et les feuillages des arbres ou arbustes, c'est-à-dire tous les étages de la végétation. Elles vivent aussi à l'intérieur de la plante, creusant des galeries ou provoquant des formations de galles. D'autres forment des galeries plates appelées mines dans l'épaisseur des feuilles.

Les chenilles de la famille des Phalènes, petits papillons crépusculaires, ne possèdent que deux paires de pattes abdominales. Cela les oblige à se replier sur elles-mêmes pour avancer, donnant l'impression de prendre des mesures. D'où leur nom de Géomètres ou Arpenteuses.

Pour faciliter leurs déplacements, de nombreuses chenilles émettent devant elles des fils de soie qui recouvrent les feuilles réduites aux nervures. Quelques petites espèces utilisent, à la manière des araignées, un fil de soie qui leur permet de monter, descendre ou de se laisser emporter au gré du vent. Les chenilles issues d'œufs disposés en groupes restent une partie de leur vie en colonie, le temps de deux ou trois mues. Les chenilles d'instinct grégaire, comme celles de Vulcain, s'enferment dans un nid constitué de feuilles repliées et fixées par des fils de soie. Elles le dévorent peu à peu, avant de s'en confectionner un autre plus loin. Au repos, les chenilles sans abri s'étendent sur les feuilles, se cachent sur les tiges ou sous les feuilles mortes, notamment pour hiberner. Elles se confondent avec le milieu.

Les chenilles possèdent un appétit insatiable, leur rôle étant d'emmagasiner le maximum d'énergie nécessaire à la réalisation des deux stades de métamorphoses suivants. Leur croissance est limitée par leur peau chitineuse capable de se dilater, mais pas de grandir. Elles doivent changer de peau : c'est la mue. Vingt-quatre heures avant environ, l'animal s'immobilise, se raidit, se gonfle, cesse de s'alimenter, et la nouvelle peau se forme. L'ancienne se déchire derrière la tête et l'animal s'extrait de celle-ci, déjà dissoute en partie par des sécrétions. Les espèces communes en Europe subissent trois à cinq mues en général. Quelques minutes plus tard, épines et téguments adoptent leur coloration définitive, durcissent et la chenille peut repartir.

Au bout de deux à trois semaines, par temps chaud, elles ont en principe atteint leur taille maximale. Le développement peut cependant durer une saison chez certaines espèces. Il peut aussi s'interrompre (Écaille, Grand Mars) durant l'hiver.

Il arrive que la couleur de la chenille varie en fonction du développement. Celle de Flambé par exemple, noire à la naissance, puis verte, devient jaune avant sa transformation. La chenille du Sphinx du Tilleul, normalement verte, devient rose, puis bleue avant de s'enfoncer dans le sol. La livrée des larves de Grand Paon-de-nuit varie à chaque mue. Et combien d'autres exemples pourraient être cités !

Écailles marbrées,
Callimorpha dominula.

67. L'Écaille dévoile ses ailes postérieures pourpres quand elle se sent menacée. Commun en France, ce papillon occupe les buissons, les lisières des forêts surtout en juin et juillet.

Lumière naturelle, objectif 50 mm + bague allonge, Zénit E, film 64 I.S.O.

Amaryllis,
Pyronia tithonus.

68. Accouplement. Ce papillon très commun aime prendre le soleil sur les haies, les bords de routes ou les ronces.

Lumière naturelle, film 64 I.S.O.

Zygènes de la Filipendule,
Zygaena filipendulae.

69. Accouplement. Ces papillons se rencontrent souvent dans les landes et marécages, sur les Jacées, à la nuit tombante en juillet.

Flash + réflecteur, diaphragme 16, film 100 I.S.O.

Demi-Deuils,
Melanargia galathea.

70. Accouplement. Ce papillon abonde de juillet à août sur les fleurs, dans les clairières.

Lumière naturelle, objectif macro 100, vitesse 1/60e de seconde, diaphragme 11, film 64 I.S.O.

68

69 . 70

Grands Paons-de-nuit,
Saturnia pyri.

71. Dans cet accouplement, durant plusieurs heures, les deux partenaires sont dans le même sens, ce qui est une exception à la règle. Les individus sont alors généralement bien cachés, car incapables de fuir.

Objectif macro, lumière naturelle, film 100 I.S.O.

71

Petits Nacrés,
Issoria lathonia.

72. Accouplement. Commun partout, ce papillon vole du printemps à l'automne dans les friches et les prairies. Il assure deux ou trois générations par an.

Lumière naturelle, objectif 50 mm + bague allonge, Zénit E.

Zygènes turquoises,
Adscita statices.

73. Accouplement. Ces papillons, aux couleurs métallisées, volent le jour à la recherche entre autres de fleurs de Lychnis (Œillets sauvages). La chenille vit sur l'Oseille (rumex). Elle est mineuse au début de son développement.

Flash, diaphragme 16-22, film 100 I.S.O.

72 . 73

LES ŒUFS, UNIQUES OU EN TAS,
OFFRENT DES FORMES ET DES COULEURS
DIFFÉRENTES SELON LES ESPÈCES.

75

Machaon,
Papilio machaon.

74. Œuf déposé sur un lobe de feuille de Carotte.

Flash + réflecteur + bague allonge + objectif 50 mm inversé, grossissement 3.64, diaphragme 16.

Piéride du Chou,
Pieris brassicae.

75. Ponte. Les œufs sont remarquablement disposés côte à côte par l'extrémité très mobile de l'abdomen.

Flash en plein jour, diaphragme 22, film 64 I.S.O.

Paon-de-jour, *Inachis io.*

76. Femelle en train de pondre sous une feuille. On remarque le petit tas d'œufs verdâtres près de la nervure de la feuille.

Lumière naturelle, vitesse 1/60e de seconde, diaphragme 8.

Piéride du Chou, *Pieris brassicae.*

77. Œufs.

Carte géographique, *Araschnia levana.*

78. Œufs empilés les uns sur les autres formant des tours. Certains sont vides et transparents : les chenilles arrivent à sortir sans démolir l'édifice. Les éclosions ont lieu normalement dix à vingt jours après la ponte.

Pour les images 77 et 78 : flash + réflecteur, soufflet + objectif 50 mm inversé, film 64 I.S.O., diaphragme 16.

76

77

78

79

80

81

82

Morio, *Nymphalis antiopa.*
79 et 80. Œufs venant d'être déposés en manchon sur un rameau de Saule (79) et œufs juste avant l'éclosion : ils sont devenus foncés (80).

Flash + réflecteur, soufflet + objectif 50 mm inversé, film 64 I.S.O., diaphragme 16.

Morio, *Nymphalis antiopa.*
81. Éclosion des chenilles. On remarquera la transparence des œufs vides et le découpage de l'opercule par la chenille.

Orgie étoilée, *Orgya antiqua.*
82. Éclosion des chenilles.

pour les images 81 et 82 : flash + réflecteur, film 64 I.S.O.

ILS ENGENDRÈRENT DES MONSTRES,
SANS VEINES, NI ARTÈRES,
MAIS À L'APPÉTIT PRODIGIEUX.

Machaon,
Papilio machaon.

83. Gros plan de la tête de la chenille. On remarque les trois paires de vraies pattes qui lui permettent de maintenir la tige ou les feuilles dont elle se nourrit. Sur les côtés, les points noirs brillants sont les yeux simples qui lui procurent une vue très limitée.

Flash + réflecteur, soufflet + objectif inversé 50 mm, diaphragme 16-22.

Grande Queue fourchue,
Cerura vinula.

84. Belle et étrange chenille dont la paire de pattes anales est devenue une fourche dévaginant des filaments rouges en cas de danger. Elle dévoile aussi dans ce cas le masque rouge agrémenté de taches noires qui entoure sa tête, tout en se redressant sur ses premiers anneaux.

Flash + réflecteur, diaphragme 16-22, film 100 I.S.O.

83

86

87

88

Grand Paon-de-nuit,
Saturnia pyri.

85. D'une longueur de plus de trois centimètres, c'est l'une des plus grosses chenilles d'Europe. On aperçoit très distinctement les trois paires de pattes thoraciques, les fausses pattes ventouses abdominales et les pattes anales.

Conditions de prise de vue non retenues.

Écaille-Martre, *Arctia caja.*

86. Chenille aux longs poils bruns et noirs.

Flash + objectif macro 100, film 64 I.S.O.

Morio, *Nymphalis antiopa.*

87. Cette chenille avance et dévore les feuilles, tout en tissant une toile qui l'aide à se fixer. Elle ne tardera pas à se suspendre pour préparer sa métamorphose en chrysalide.

Lumière naturelle, objectif macro 100.

Machaon,
Papilio machaon.

88. Chenille au terme de sa croissance. Elle se nourrit de Carotte sauvage. Méfiante, elle mange difficilement en captivité et stoppe son activité si on l'observe d'un peu trop près. Belle chenille à la peau entièrement nue et lisse, elle est dotée d'un osmérium qu'elle dévagine si elle est importunée.

Flash + réflecteur, objectif macro 100.

Hameçon,
Drepana binaria.

89. Chenille caractérisée par la transformation de la paire de pattes anales en une extrémité effilée et relevée.

Flash, soufflet + objectif inversé 50 mm, grossissement 2, diaphragme 16, film 64 I.S.O.

Bois veiné,
Clignodonta siesae.

90. Forme curieuse de chenille avec disparition des pattes anales. Elle vit sur les Saules et les Peupliers.

Flash + réflecteur, diaphragme 16, film 100 I.S.O.

Petit Sylvain,
Ladoga camilla.

91. À l'automne, la chenille interrompt son développement et se confectionne un nid avec une feuille découpée de Chèvrefeuille, maintenue enroulée grâce à un fil de soie.

Flash + réflecteur, diaphragme 16, film 64 I.S.O.

Psyché du Gramen,
Canephora unicolor.

92. Chenille construisant un fourreau fait de végétaux. Elle l'agrandit au fur et à mesure de sa croissance. L'imago femelle, dépourvu d'ailes, y restera aussi à l'abri. Déplacement lent à l'aide des pattes thoraciques uniquement.

Sphinx Demi-Paon,
Smerinthus ocellata

93. Très belle et très grande chenille. La corne anale caractérise la famille ainsi que son attitude défensive qui explique le terme de Sphinx.

Pour les images 92 et 93 : flash + réflecteur.

89

92

90

91

Sphinx du Tilleul,
Mimas tiliae.

94. La chenille, après avoir dévoré les feuilles, a entrepris de couper la tige et faire tomber le rameau.

Lumière naturelle, objectif macro 100, film 64 I.S.O.

Chenille pudibonde ou Patte étendue,
Elkneria pudibunda.

95. J'ai trouvé et photographié une variété rougeâtre sur des Prunus (voir page 119) et la variété classique jaune verdâtre sur des feuillages verts. Cette chenille se nourrit de divers feuillus et de Houblon.

Flash + réflecteur, diaphragme 22, film 64 I.S.O.

94

SANS DÉFENSE ET NE POUVANT FUIR,
LES CHENILLES ATTENDENT LA NUIT
POUR MUER SOUS LES FEUILLAGES.

Grande Queue fourchue,
Cerura vinula.

96. 97. 98. Ces trois images montrent la mue très spectaculaire de cette curieuse chenille.

Flash + réflecteur, objectif macro 100, diaphragme 16-22, film 100 I.S.O.

Petit Paon-de-nuit,
Pavonia pavonia.

99. Chenille au moment de la première mue. Les chenilles alternent les phases de repos pendant lesquelles elles restent immobiles et les phases de nourrissage. Il est étonnant de voir la rapidité et la régularité avec lesquelles les mandibules découpent la feuille.

Flash + réflecteur, objectif macro 100, film 64 I.S.O.

96

97

98

Grand Paon-de-nuit,
Saturnia pyri.

100. Chenille dévorant des feuilles de Frêne. Le plus souvent, les chenilles se placent sur le bord de la feuille qu'elles découpent sur la tranche, d'un mouvement de la tête en arc de cercle, dirigé de haut en bas.
101. Position caractéristique de cette chenille avant la mue. Immobilisation pendant vingt-quatre heures sur un rameau, à l'horizontale ou en oblique, la tête vers le bas et tournée sur le côté.
102. La phase mécanique va débuter. La chenille est gonflée, la tête tournée vers l'avant.
103. Mouvements du corps et contraction des anneaux qui vont amener progressivement la vieille peau vers l'arrière.
104. Les mouvements sont maintenant rapides, amples, continus ; la peau est tendue à l'extrême au niveau de la tête et des premiers anneaux.
105. Des mouvements transversaux de la tête se sont ajoutés, la peau a craqué, la « nouvelle chenille » commence à apparaître.
106. Les pattes ventouses n'étant plus fonctionnelles, la chenille s'est cramponnée à la tige grâce à ses vraies pattes à nouveau utilisables. Elle avance tout en maintenant les contractions de ses anneaux.
107. Il ne reste plus qu'à libérer les pattes anales et repousser la vieille peau.

Flash + réflecteur, soufflet + objectif 50 mm inversé.

100

101

102

103

104

105

106

107

Citron,
Gonepteryx rhammi.

108. Chenille qui mue.
On a le temps de préparer le matériel puisqu'il faut à cette espèce près d'une journée pour se débarrasser de son ancienne peau.

Flash + réflecteur, objectif macro 100, diaphragme 16-22, film 100 I.S.O.

Sphinx de l'Euphorbe,
Hyles euphorbiae.

109. Chenille après la dernière mue.

Flash + réflecteur, objectif macro 100, film 64 I.S.O.

Flambé,
Iphiclides podalirius.

110. 111. Chenille arrivant au terme de sa croissance. Initialement verte (110), elle est devenue jaune (111). Comme la chenille de Machaon, elle est dotée d'un osmérium, fourche puante jaune verdâtre (rouge chez le Machaon), qu'elle dévagine lorsqu'elle est importunée.

Flash + réflecteur, objectif macro 100, diaphragme 16-22, film 64 I.S.O.

108

109

110

*D*ES MYSTÉRIEUSES CHRYSALIDES APPARAISSENT DE SOMPTUEUX IMAGOS.

Arrivée au terme de son développement, la chenille cesse de s'alimenter et entreprend une longue marche à la recherche d'un support : branche, caillou, feuille, sol, terre, où va s'accomplir la transformation en chrysalide, à l'abri des prédateurs et des regards indiscrets. Le nom de chrysalide, d'origine grecque, vient des taches brillantes qui ornent beaucoup d'entre elles. Selon les espèces, elle s'enfonce dans la terre, se tisse un cocon plus ou moins serré et fixé, s'accroche sur un support ou s'incruste même parfois dans le bois. Les papillons de jour ont des chrysalides anguleuses, nues, suspendues par l'extrémité de leur abdomen (crémaster) ou dressées, retenues au support par une ceinture de soie. L'Apollon, avec sa chrysalide nue, à même le sol, constitue une exception. Sur la tête de la chrysalide, on reconnaît les emplacements des futurs yeux du papillon. Du côté ventral, on distingue les fourreaux de la trompe, des pattes, des antennes et de l'emplacement des ailes. Seuls les anneaux de l'extrémité postérieure sont mobiles. Les chrysalides changent de couleur selon la saison – elles sont, par exemple, vertes l'été, brunes en automne chez le Machaon –, mais aussi selon l'environnement. En témoignent les chrysalides de Piéride du Chou, grises sur les pierres, vertes sur les feuilles.

Au cours de ce stade, tous les organes de la chenille sont détruits et transformés en une bouillie informe. Cet état peut durer d'une dizaine de jours, Vulcain par exemple, à plusieurs années pour certaines espèces de papillons : Sphinx, Grand Paon-de-nuit. Beaucoup hibernent, ce qui augmente considérablement la durée de cet état. Si vous pratiquez les élevages, laissez vos sujets au froid, mais en les préservant des prédateurs bien sûr ! À l'intérieur, vaporisez un peu d'eau une fois par semaine pour éviter la dessication. Un ou deux jours avant l'éclosion, on commence à distinguer la coloration du futur imago au travers de la chrysalide. Par des opérations chimiques complexes, la paroi est partiellement dissoute et devient transparente. On peut alors surveiller l'évolution. Peu à peu, l'air pénètre au travers de l'enveloppe, la gonfle et décolle le papillon de la paroi. Les anneaux, distendus et bien séparés les uns des autres, les ailes aux couleurs et au dessin précis sont les signes d'une naissance imminente. L'enveloppe se tend au maximum, se ramollit grâce à des sécrétions, puis s'ouvre le long de lignes situées sur le dos. Quelques secondes plus tard, le papillon dégage ses appendices, pousse la partie cachée de la chrysalide et glisse progressivement. La naissance aura duré au maximum vingt secondes.

L'opération est plus délicate pour les chrysalides dans un cocon. L'imago, après l'émergence, doit traverser sa paroi par un passage aminci qu'il dissout partiellement avec des sécrétions buccales, Avec un peu de chance, il sortira des chrysalides enterrées en empruntant, en sens inverse, le chemin creusé par la chenille !

Les ailes du nouveau-né sont petites et fripées, molles et pendantes. Il s'accroche à la chrysalide vide ou trouve un support sur lequel il va s'immobiliser. Il envoie alors de l'hémolymphe dans les nervures creuses des ailes, provoquant leur agrandissement. Dix minutes après, elles ont pris leur taille définitive, mais sont encore humides et d'une rigidité insuffisante pour être fonctionnelles. Ce n'est qu'au bout d'une heure que de longs battements, puis un frémissement, précéderont l'envol vers la vie, la liberté, le ciel pur. Durant le séchage, l'imago rejette par l'anus quelques gouttes d'un liquide contenant les produits d'excrétion de la chrysalide. Coloré en rouge chez les Vanesses, il constitue la fameuse pluie de sang à l'origine de certaines légendes de nos campagnes.
La naissance du papillon est la phase la plus spectaculaire du cycle et un moment privilégié pour le photographe. Ce genre de vue demande une importante préparation qui oblige à travailler en studio. Il faut disposer l'appareil, les éclairages et préparer le fond longtemps à l'avance. Lorsque la chrysalide semble à maturité, l'événement peut survenir dans les minutes qui suivent ou seulement au bout de quelques heures. Certaines espèces profitent de la nuit pour être à l'abri des regards durant cette phase critique, d'autres attendent les premières lueurs du jour. La naissance est parfois liée aux conditions de température et de lumière. Dans ce cas et avec un peu d'expérience, on peut accélérer le processus, mais le risque de tout détruire reste important. Seule la patience finira par payer. Il m'est arrivé plus d'une fois de passer une bonne partie de la nuit derrière mon appareil, guettant le moment décisif. J'ai souvent déjeuné sur le pouce, près de mes appareils, de peur de sacrifier plusieurs heures de travail et d'attente. En cas d'échec, certaines espèces n'ayant qu'une génération par an, j'ai dû refaire des tentatives plusieurs années de suite. Elles n'ont pas toutes été couronnées de succès. Sachez cependant que vous êtes bien récompensé, quand, après un léger froissement, dans la lumière du spot, le papillon s'extrait lentement et majestueusement, paré de tous ses atours. L'émotion est évidente et je vois encore les yeux émerveillés de tous les gamins à qui j'ai pu offrir ce simple spectacle de la nature. La photo réussie rappellera ce moment intense.
Pour diverses raisons, il peut arriver que le papillon ait du mal à naître. Malgré de multiples spasmes et contorsions, certains demeurent prisonniers de leur chrysalide et meurent. Pour d'autres qui, eux, sont nés, les ailes restent atrophiées, repliées et condamnent l'insecte. J'ai pu constater certaines de ces anomalies sur des chrysalides ouvertes lors d'un petit choc malencontreux, peu avant une naissance. Soyez surtout patient si vous voulez photographier ces instants. Ne tentez pas de gagner du temps en provoquant l'ouverture de la chrysalide. C'est le meilleur moyen d'essuyer un échec !

Orgie pudibonde ou Patte étendue,
Elkneria pudibunda.

112. La chenille, prête à se chrysalider, nue, a incorporé ses poils dans la confection d'un cocon lâche, translucide, fixé souvent sur une feuille.

Flash + réflecteur, diaphragme 16-22, film 64 I.S.O.

Zygène de la Filipendule,
Zygaena filipendulae.

113. Cocon d'aspect parcheminé,
il est confectionné sur les chaumes des hautes herbes. Sa couleur semblable au support et sa forme fuselée lui permettront de passer inaperçu.

Flash + réflecteur, objectif macro 100 + bague allonge.

C blanc ou Robert-le-Diable ou Gamma,
Polygonia c-album.

114. Chrysalide dans sa forme définitive.

Flash électronique + réflecteur, éclairage du fond avec flash d'appoint déclenché avec une cellule, objectif macro + bague allonge, grossissement 1, diaphragme 16, film 100 I.S.O.

Aurore,
Anthocharis cardamines.

115. Chrysalides pointues, semblables à des épines de ronces, et qui passent ainsi inaperçues.

Flash + réflecteur, objectif macro 100.

113

98
99

LA NYMPHOSE, UNE LONGUE MÉTAMORPHOSE ACCOMPLIE DANS L'ISOLEMENT ET L'IMMOBILITÉ.

116

117

118

119

120

Belle-Dame,
Cynthia cardui.

116. Chrysalide de type suspendu, élégante par le dessin et la couleur, quelques minutes avant la naissance de l'imago.

Flash + réflecteur, objectif macro 100 + bague allonge.

Citron,
Gonepteryx rhammi.

117. Chrysalide femelle quelques instants avant la naissance. Parfaitement transparente, elle permet de distinguer ailes, yeux, antennes et poils de l'abdomen de l'imago.

Flash + réflecteur, objectif macro 100 mm + bague allonge, diphragme 16, film 64 I.S.O.

Grande Tortue,
Nymphalis polychloros.

118. 119. 120. Trois images de la chrysalide.
Exemple d'évolution précédant la naissance de l'imago, d'une durée approximative de vingt-quatre à quarante-huit heures, liée aux conditions de température et de lumière ambiantes.

Flash + réflecteur, objectif macro 100 + bague allonge, diaphragme 16.

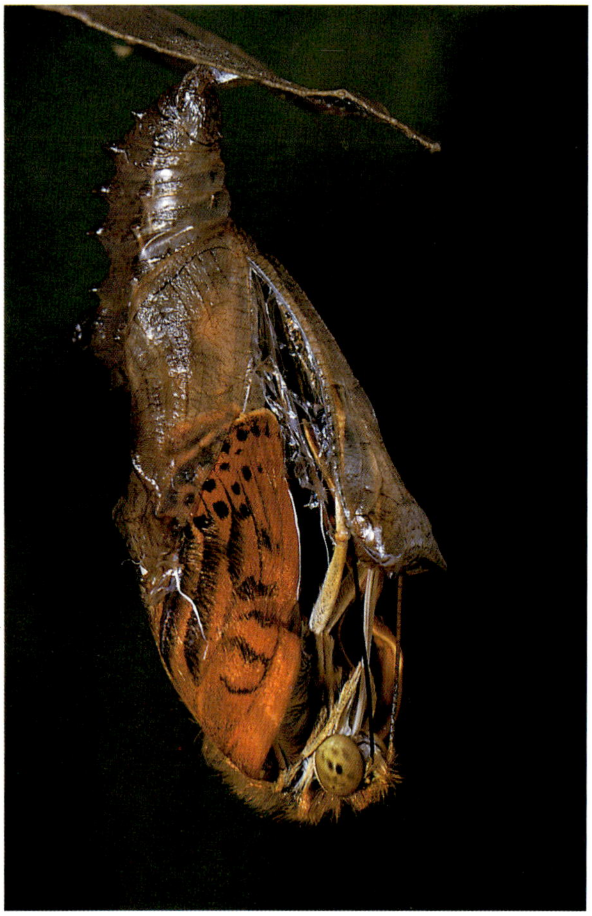

121

La naissance de l'imago, un des plus beaux et émouvants instants de vie à observer.

122 . 123

Tabac d'Espagne,
Argynnis paphia.

121. 122. 123. Trois images de la naissance de l'imago. Une fois sorti, il bascule et s'accroche à la chrysalide pour développer et sécher ses ailes.

Flash + réflecteur, diaphragme 16-22, film 100 I.S.O.

Petite Tortue,
Aglais urticae.

124. Dernière métamorphose.

Flash + réflecteur, objectif macro 100 + bague allonge, diaphragme 16-22, film 100 I.S.O.

Belle-Dame,
Cynthia cardui.

125. Sortie de l'imago.

Flash + réflecteur, objectif macro 100 + bague allonge, diaphragme 16-22, film 100 I.S.O.

124

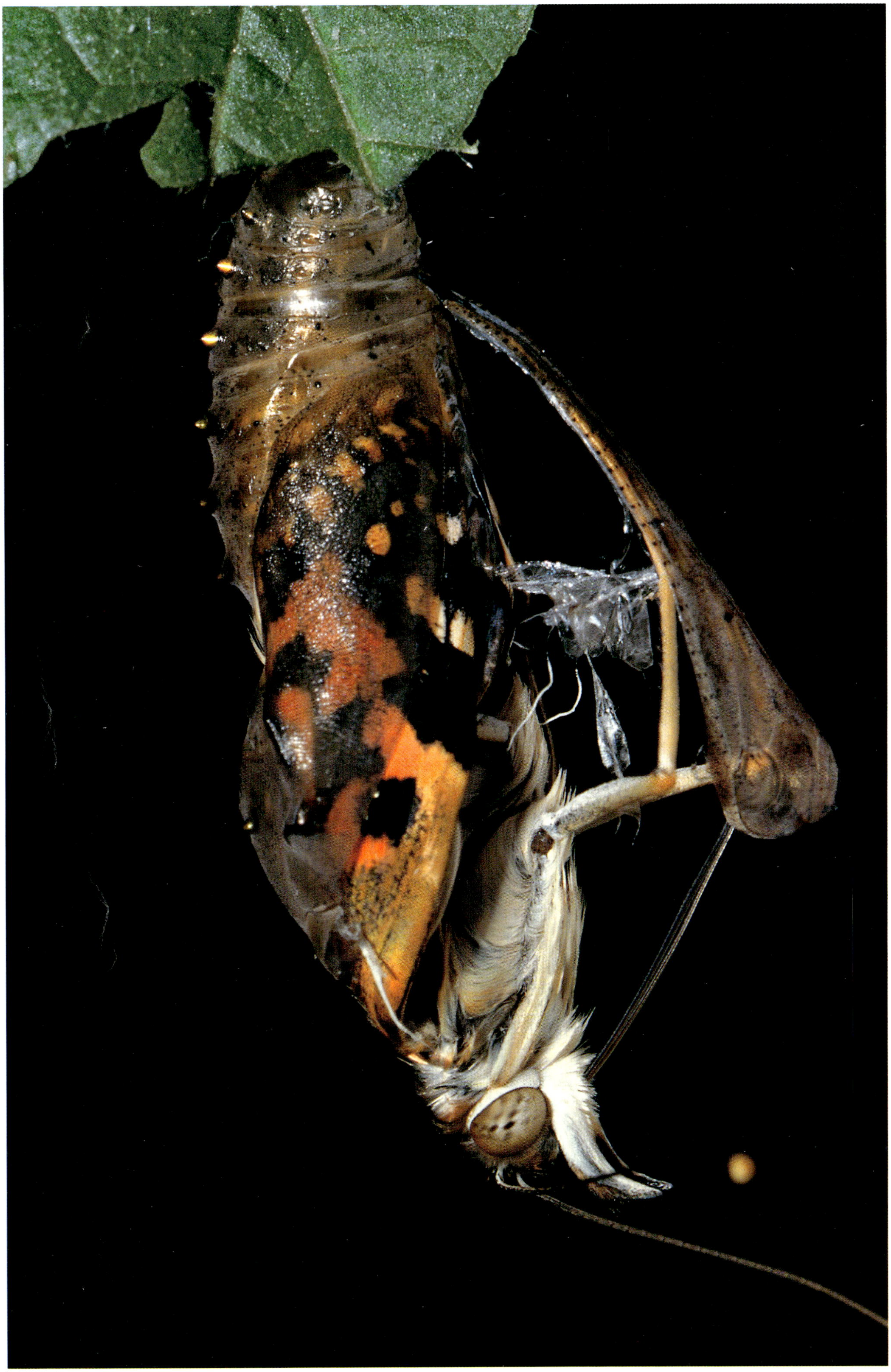

Vulcain, ***Vanessa atalanta.***

126. 127. 128. Naissance de ce papillon.

Flash + réflecteur, objectif macro 100 + bague allonge, grossissement 1, diaphragme 16.

Aurore,
Anthocharis cardamines.

129. 130. Chrysalide avant la naissance. Naissance d'un papillon femelle.

Objectif macro 100 mm + bague allonge, diaphragme 16-22, film 100 I.S.O.

126

127

128

Machaon,
Papilio machaon.

131. 132. 133. Séchage de l'imago en trois images. (131) Le papillon vient d'émerger. Seules ses pattes lui permettent de se déplacer. Ses ailes sont molles, petites et fripées. (132) Sous l'action de l'émolymphe injectée dans les nervures des ailes, celles-ci s'étendent petit à petit, dépassant maintenant l'abdomen. (133) Une fois ses ailes développées totalement, le papillon doit encore les laisser sécher et acquérir une rigidité suffisante.

Série réalisée avec :
flash + réflecteur, objectif macro 100.

Citron,
Gonepteryx rhammi.

134. 135. Émergence.

Flash + réflecteur, objectif macro 100
+ bague allonge.

132

131

112
113

*M*IMÉTISME ET SURVIE DES PAPILLONS DANS LA NATURE.

Des tactiques de dissimulation et de dissuasion, faisant appel aux couleurs, formes ou odeurs, aident les insectes à échapper à leurs prédateurs, principalement par l'imitation de la couleur du milieu, ou homochromie, ou par celle des formes, homotypie, renforcée par l'attitude. Le mimétisme passif ou cryptique réunit ressemblance de forme, de couleur et de comportement de l'animal en milieu inanimé : feuilles mortes, brindilles, bourgeons. Certains papillons, les Sésies par exemple, sans défense, prennent la forme et la couleur d'insectes dangereux comme les guêpes et volent de la même façon que leur modèle. Il s'agit là d'un mimétisme batésien ou actif. Plusieurs chenilles de Lycenidés attirent les fourmis à l'aide d'une sécrétion sucrée, à la manière des pucerons. En échange, les fourmis assurent leur protection et les abritent dans la fourmilière au moment de la métamorphose.

Les livrées prémonitrices ou de dissuasion peuvent effrayer d'éventuels prédateurs. C'est le cas des ocelles de Paons ou des ailes postérieures rouges des Écailles qu'ils étalent en cas de danger. Des sécrétions nauséabondes peuvent renforcer la dissuasion en cas de besoin (imagos d'Écailles, de Zygènes...).Les chenilles de Flambé, Machaon, Queue fourchue dévaginent un « osmérium puant » quand elles se sentent en danger. Les papillons vivement colorés comme les derniers cités contrastent avec le milieu. Tout prédateur qui osera en consommer sera victime du mauvais goût de sa proie facilement repérable et qu'il évitera à tout jamais. Les couleurs bigarrées des ailes et de l'abdomen d'un imago ou du corps d'une chenille tendent à le morceler, à estomper ses formes véritables. C'est la somatolyse. Souvent vous remarquerez des papillons abîmés, aux ailes déchirées. C'est ainsi que le Machaon et le Flambé dévient les attaques vers les ocelles attirants de l'extrémité de leurs ailes et préservent les parties vitales de leur corps.

De multiples prédateurs, parasites et intempéries limitent le nombre de papillons issus d'une masse considérable d'œufs. Les oiseaux : Pies, Mésanges, Coucous..., les Hérissons, les Musaraignes, les Crapauds, les Grenouilles, les Lézards, de nombreux Coléoptères, des Punaises, des Fourmis et des Araignées se régalent de chenilles, d'œufs ou de chrysalides. Les Libellules, les Mantes religieuses, les Frelons et les Araignées consomment les insectes parfaits. Les Chauves-Souris capturent en plein vol les papillons de nuit.

Les chenilles en colonies sont parfois victimes de maladies très contagieuses qui les détruisent en quelques heures. Les Diptères de la famille des Tachinidés (sortes de mouches) ou Hyménoptères du type Ammophile, Ichneumon ou Apantelle parasitent un grand nombre de chenilles. L'insecte introduit généralement sa tarière dans le corps de la chenille où il dépose son ou ses œufs. Les larves qui éclosent se nourrissent de la chenille paralysée, mais vivante, les tissus vitaux n'étant dévorés qu'en dernier lieu.

Un beau jour, les larves parasites percent la peau, sortent puis tissent des cocons dans lesquels aura lieu leur métamorphose. Il arrive que la chenille parasitée se transforme en chrysalide, mais c'est un parasite qui en sortira par un petit trou percé dans la paroi. Il arrive également que ce soit la chrysalide ou même l'œuf qui soient parasités. En Europe, plusieurs milliers d'espèces d'Hyménoptères sont spécialisées dans le parasitisme des trois premiers stades du papillon.
La mauvaise saison, dans nos climats tempérés, limite les populations. Ainsi se pose le problème de l'hibernation que les papillons ont résolu, en partie, de deux manières. Soit par l'hibernation de l'œuf, de la chenille, de la chrysalide ou de l'imago. Soit par les migrations : la Belle-Dame, le Souci, le Vulcain ainsi que plusieurs Sphinx nous viennent du bassin méditerranéen. Le Sphinx à Tête-de-Mort arrive d'Afrique équatoriale. Les migrations du Monarque en Amérique du Nord sont célèbres. Ces insectes, fragiles d'aspect, sont pourtant capables de parcourir d'une traite plusieurs centaines de kilomètres. On pense qu'ils s'orientent par rapport au soleil et sont capables de corriger leur cap selon la force et la direction des vents ! Mais c'est encore un phénomène mal expliqué par les spécialistes, qui en sont plutôt au stade des suppositions qu'à celui des affirmations. Il faut pourtant remarquer que les retours sont rares, bien que les individus concernés soient d'une nouvelle génération. On peut penser que cette migration presque à sens unique pourrait avoir deux causes : celles d'éviter la prolifération de certaines espèces dans leur pays d'origine, et de préparer un nouveau lieu d'implantation en cas de difficultés dans les lieux d'origine. L'importance de la migration serait liée de ce fait à la situation du pays d'origine. Les années favorables par exemple, « l'explosion démographique » conduirait les individus en surnombre à chercher des régions riches en fleurs pouvant les nourrir. Cela expliquerait les fortes migrations de Belles-Dames constatées en France en 1988.
Beaucoup de papillons sont victimes de la destruction des haies, des insecticides et de l'écobuage. Certaines espèces, le Flambé, le Machaon, l'Apollon, le Grand Paon-de-nuit se raréfient. D'autres, au contraire, comme les Piérides du Chou, les Teignes, les Culs bruns ou chenilles processionnaires, peuvent causer d'importants dégâts aux cultures, vergers, haies et forêts.
Prairies, champs et jardins abritent de nombreuses espèces de papillons diurnes surtout. Les larves, aussi bien que les imagos y prospèrent, s'y cachent, s'y nourrissent. Si on daigne se pencher et observer méticuleusement, on ne tardera pas à apercevoir des bestioles grimper le long des tiges de Graminées, tandis que d'autres passeront près de vous, avant d'aller se poser sur de tentantes aires d'atterrissage aux couleurs éclatantes. Marjolaine, Menthe, Chardons, Centaurées, ronces, en échange du « couvert », déposeront

souvent dans les poils de nos gourmands insectes, le précieux pollen qui assurera la descendance de la plante. D'autres fleurs comme le Myosotis ou le Lotier remportent aussi des succès. Les Vanesses aiment souvent se reposer, ailes repliées, agitées de battements d'ailes intermittents. C'est souvent le cas du C blanc qui fréquente beaucoup les feuillages de Saule. Le Ptérophore blanc, peu voyageur, est du même avis et ne demande qu'à dessiner son « T » sur une feuille verte !

Pendant ce temps, les œufs minuscules, de la couleur du feuillage, et souvent collés à l'envers, préparent une nouvelle progéniture.

Certaines années, les larves peuvent se développer abondamment et envahir les feuillages sur de grands espaces, ne laissant plus sur leur passage que vastes toiles et nervures de feuilles.

Rappelons à ce propos l'invasion par des chenilles de Culs bruns de la vallée de Vif, en Isère. L'envahisseur gagna les jardins puis les maisons du village. L'un des habitants du village déclara : « Il y en a partout sur les rideaux, dans le linge et même au plafond ! » La presse se fit largement l'écho de ce phénomène, agrémentant ses descriptions des superlatifs les plus forts, et témoignait ainsi de l'incrédulité, l'inquiétude et même la peur qui l'avaient engendré. Il est d'ailleurs vraisemblable que l'invasion était moins impressionnante que la présentation qui en fut faite car on n'en entendit plus jamais parler. Les chenilles, comme les araignées et les serpents, suscitent dès qu'on en parle une répulsion ancestrale !

Ce spectacle de désolation, de nombreux prédateurs, plus attentifs que nous, sauront l'empêcher dans la plupart des cas, ne laissant pas le temps aux larves en excès d'accomplir leur funeste besogne. L'homme, en dernier ressort, en est réduit à l'utilisation des insecticides, polluants, détruisant d'autres espèces animales. Depuis quelque temps, heureusement, on semble s'orienter vers une lutte biologique qui consiste à rétablir l'équilibre naturel en introduisant des prédateurs préalablement élevés.

« J'ai réalisé une belle collection photographique de Lépidoptères, exposant leurs livrées éclatantes, saisis en train de butiner, de s'accoupler, de pondre, de se métamorphoser. Ces photographies ont été pour moi une manière de collectionner les plus beaux papillons de nos régions avec la satisfaction d'avoir aidé au maintien de ces espèces.

J'espère, à travers les images de ce livre, vous avoir donné envie d'en faire autant. »

Pierre Couderc

Sphinx du Tilleul,
Mimas tiliae.

136. La chenille vit également sur d'autres feuilles, dont le Bouleau et le Chêne. Souvent, elle devient rose avant de se chrysalider dans le sol.

Lumière naturelle, objectif 50 mm + bague allonge.

C blanc,
Polygonia c-album.

137. Chenilles sur des feuilles de Houblon. Leur grande tache blanche sur le dos leur donne de loin l'aspect d'une fiente.

Flash + réflecteur, objectif macro 100.

Orgie pudibonde,
Elkneria pudibunda.

138. Chenille dont la couleur s'identifie au support.

Flash + objectif macro 100.

137

139

Chenille de Phalène

139. Accrochée à une tige de Rosier, ses forme, couleur et attitude permettent son camouflage.

Feuille-Morte du Chêne,
Gastropacha quercifolia.

140. Un exemple de mimétisme.

Les vues 139 et 140 ont été réalisées avec un flash et l'objectif macro 100.

120
121

141. 142

Vulcain,
Vanessa atalanta.
141. Œufs.

Cul brun,
Euproctis chrysorrhoea.
142. Chenille. Elle quitte le nid pour aller se nourrir en faisant une piste de soie qui guide son retour.

Conditions de prise de vue non retenues.

143

144

Ptérophore blanc,
Ptérophorus pentadactyla.

143. Entièrement blanc, ce papillon vole de mai à septembre.

Vulcain,
Vanessa atalanta.

144. Il est fréquent de le voir butiner, en automne, sur des fruits tombés au sol.

conditions de prise de vue non retenues.

145

COMMENT PHOTOGRAPHIER LES PAPILLONS.

Les sources de lumière et leur utilisation

En lumière naturelle, ne photographiez pas avec celle-ci dans le dos, vous auriez un éclairage trop uniforme. Avec un soleil un peu bas sur l'horizon, gare à votre ombre portée ! Quand le soleil est caché au point que vous ne puissiez déterminer sa position dans le ciel, les nuages diffusent alors trop la lumière, l'éclairage devient également trop uniforme, rangez votre matériel ou utilisez le flash.

Déplacez-vous pour photographier de manière à ce que le soleil se situe à 45° environ de l'axe objectif/sujet. Adoucissez les ombres en plaçant un bristol blanc à l'opposé – faire appel à un assistant ou à... la débrouillardise !

L'éclairage à contre-jour donne pour les papillons d'excellents résultats. L'indication de la cellule est fiable à condition de faire la mesure sur le sujet et non sur les feuillages ou le ciel ! J'utilise le plus souvent un film de 64 ou 100 I.S.O. et un objectif macro de 100 mm de focale.

J'effectue le préréglage de la vitesse au 60e ou au 125e selon l'intensité de la lumière et la sensibilité du film. Un réglage du diaphragme évite des pertes de temps au moment décisif. Vous travaillerez le plus souvent au 60e, diaphragme 8 pour un rapport de grossissement de 1/2. En milieu de journée, vous arriverez à une vitesse double ou une fermeture supplémentaire du diaphragme. Ces données permettent de photographier la plupart des sujets. Avec beaucoup d'habitude, appareil bien en main, équilibre parfait, coudes au corps, on peut arriver à photographier au 30e pour un grossissement de 0.2, 0.3. Cependant, il ne faut pas la moindre brise et l'on doit déclencher en bloquant la respiration. À ne pratiquer qu'en dernière extrémité ! Pensez qu'un soleil bas sur l'horizon donnera une forte dominante jaune pas forcément agréable.

Petite Violette,
Clossiana dia.
145.

Machaon,
Papilio machaon.
146.

Vulcain,
Vanessa atalanta.
147.

Petit nacré,
Issoria lathonia.
148.

Citron,
Gonepteryx rhammi.
149.

Quelques exemples de prises de vue

Voici deux exemples : tout d'abord celui de la photo 147, qui montre un papillon sombre et une fleur d'un jaune clair qui réfléchit beaucoup la lumière. La cellule « éblouie » a tendance à sous-exposer. Si l'on se contente de son indication, la fleur sera trop sombre, et ce sera pire pour le papillon ! Le fond n'étant pas ici trop clair, il suffit d'ouvrir d'au moins un diaphragme par rapport à l'indication de la cellule. Quant à la photo 149, présentant une chrysalide de Citron, elle montre qu'un sujet épais à peine translucide, à contre-jour, et un fond ou un support souvent trop sombre entraînent un trop gros écart de contraste que le film est incapable de traduire. Si on mesure la lumière sur le sujet (si le perfectionnement de l'appareil ou une approche suffisante le permettent), le fond sera « brûlé », c'est-à-dire fortement surexposé, dans le jargon des photographes. Si on mesure la lumière sur le fond, le sujet sera immanquablement trop sombre ! La solution est de diminuer le contraste. Première façon : mettre un bristol, un papier argenté ou une plaque de polystyrène à une vingtaine de centimètres, face au sujet, faire alors la mesure sur le sujet et ouvrir d'un demi-diaphragme. Deuxième façon : utiliser un petit flash d'appoint à la place du réflecteur (certains appareils récents en possèdent un intégré sur la façade de l'appareil). Sur cette image, j'ai utilisé le soleil bas sur l'horizon pour éclairer à contre-jour et j'ai placé un réflecteur à l'opposé, face à la chrysalide. Le fond, neutre, se révèle ici sombre, ce qui met bien en relief le sujet. J'aurais pu l'éclaircir avec un flash d'appoint, mais je n'avais pas intérêt ici à trop faire apparaître les feuillages.

146

147

148

Le flash en pleine nature et en studio

À main levée, la meilleure solution est de fixer le flash sur une barrette coudée orientée à 45°. Vous pourrez aussi rajouter une rotule sur une barrette simple pour le surélever et l'orienter avec précision. Travaillez au diaphragme 16 pour ne pas subir l'influence de la lumière extérieure. Un deuxième flash de nombre guide inférieur ou un bristol blanc placés à l'opposé permettront d'adoucir les ombres.
Une autre solution consiste à monter le flash sur une rotule placée sur la griffe de synchro. L'orienter en l'inclinant vers le sujet – à préparer bien sûr avant une séquence prises de vue. Facilitez-vous le travail en fixant l'appareil sur pied et en utilisant une règle pour déterminer l'axe flash / sujet. Attention ! dans tous les cas, le nombre guide du flash doit être tel que la distance flash/sujet soit la même que la distance film/sujet. C'est ce que j'ai réalisé avec mon flash N.G. 28 pour 100 I.S.O., diaphragme 15, objectif 100 mm macro, pour des grossissements de 0.1 à 1. Il faut bien sûr tester son flash.
Le flash en pleine nature est utile quand la lumière est insuffisante et ne permet pas d'avoir un diaphragme assez petit ou une vitesse suffisamment rapide pour assurer la netteté de l'image. Il permet aussi d'agir vite en présence de papillons fugitifs ou en vol.

Citron, ***Gonepteryx rhammi.*** 149.

Paon-de-jour, ***Inachis io.*** 150.

Par exemple, le cas de la photo 151. Un papillon qui butine sur ces grappes de fleurs est en perpétuel mouvement, changeant fréquemment de corolle. Le déplacement a lieu grâce à la marche ou à de légers battements d'ailes suffisants pour générer des flous. Le flash, avec son éclair de 1 / 2 000 de seconde au moins, permettra, à coup sûr, d'immobiliser le mouvement, mais gare à la sous- ou surexposition et aux images « fantômes » dues à l'influence de la lumière naturelle. Si vous avez plus de quatre diaphragmes d'écart entre la lumière naturelle et l'éclair de votre flash, il est inutile de prendre des précautions particulières. Il faudra quand même que votre flash ait été étalonné pour la macro ! Dans les cas contraires, il conviendra de fermer le diaphragme en fonction de l'écart. Un diaphragme pour la présente image, prise en plein soleil d'été.

Le gros plan

Le gros plan d'aile (photo 150 par exemple) montre que ce genre de prise de vue nécessite de très forts grossissements (3 ou 4), qui consomment beaucoup de lumière. Un diaphragme fermé à 11 ou 16 est pourtant indispensable pour compenser la planéité imparfaite des ailes. Pour mettre en relief les écailles et les nervures, un éclairage rasant est nécessaire. Il faut donc disposer le flash presque latéralement, et à quelques centimètres du sujet (étalonnage nécessaire). À l'opposé, on disposera un réflecteur pour éviter toute ombre portée.
Chenilles, mues, chrysalidations, naissances d'imagos, gros plans de têtes de chenilles ou d'imagos, d'ailes, d'œufs... sont des sujets à traiter de préférence en studio.
Le matériel nécessaire comprendra un flash sur pied, une rallonge de cordon de flash pour écarter celui-ci du boîtier, un déclencheur souple, un bristol blanc que vous pourrez tenir en déclenchant, l'appareil étant sur pied. Le flash doit être étalonné afin de connaître les distances flash / sujet pour les différents grossissements utilisés.

149

150

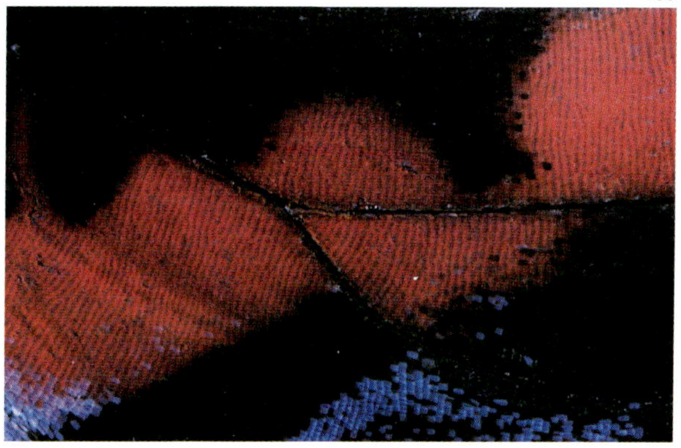

151

Les fonds noir et de couleur

Le plus tentant est le fond noir. Il est accepté par l'œil, bien que l'éclairage soit du même côté que notre regard. L'intérieur d'une haie ou d'une forêt peuvent pourtant être fort sombres même par beau temps. Un tel fond conviendra très bien pour des photos situant le sujet la nuit ou pour faire ressortir de nombreux détails. En dehors des cas cités, le noir a tendance à dévorer l'image, fait peu naturel, et n'apporte aucun renseignement sur le milieu de l'animal. Les images risquent de n'avoir qu'une valeur documentaire ou scientifique ! Pour l'obtenir, placer un objet plat et d'un noir mat, à une quinzaine de centimètres au moins, en arrière du sujet (40 pour un grossissement largement inférieur à 1) ; éloigner le sujet du fond. Le flash créera lui-même le fond noir, par sa portée limitée, surtout s'il est de faible puissance.

Un fond coloré est souvent préférable. Pour l'éclairer, utilisez un flash assez puissant pour que le dégradé vers le noir soit moins sensible à l'arrière-plan. La meilleure méthode consiste à l'éclairer avec un petit flash étalonné. Une cellule orientée vers le flash principal assure le déclenchement. Un fond vert fait en général l'affaire. On peut utiliser une feuille de papier canson ou reconstituer le fond naturel avec des plantes ou feuillages. Il faut qu'ils correspondent au biotope de l'animal et ne provoquent pas la dispersion par l'abondance de lignes enchevêtrées. Éloignez-les du sujet d'au moins cinquante centimètres.

Méfiez-vous des chenilles vertes ! Apportez une autre touche colorée en plaçant une fleur dans votre fond, assez éloignée pour être floue et méconnaissable. Les couleurs doivent coller avec la réalité. Une Tulipe rouge ne peut pas être utilisée pour photographier une chenille de Sphinx du Tilleul ! Par contre, une fleur conviendra derrière une larve de Machaon qui vit souvent sur les Carottes ou le Fenouil de votre potager.

Souci,
Colias crocea.
151.

Mégère,
Lasiommata megera.
152.

Brentis daphné,
Brentis daphné.
153.

Créer le mouvement

Un photographe de nature s'est rendu célèbre par ses photographies d'insectes et d'animaux divers pris en vol ou en train de bondir. Vu la vitesse de battement extraordinaire de certaines espèces, il a dû imaginer un système doté d'un éclair atteignant le trente millième de seconde et un système automatique de déclenchement dans le champ de l'appareil. Non seulement, il voulait immobiliser les ailes mais devait aussi photographier l'insecte dans la zone de mise au point de l'appareil. La profondeur de champ étant de l'ordre de quelques millimètres, seul un système rapide à infrarouges peut actionner le déclencheur au bon moment. Ici, la technique supplée le photographe. Il faudra malgré tout plusieurs clichés et un peu de chance pour avoir un sujet bien disposé sur l'image. Le photographe réalise aussi des images documentaires en prenant des séries de clichés qui décomposent le mouvement du vol.

Il est possible malgré tout de photographier des insectes en vol et de traduire cet extraordinaire mouvement des ailes en provoquant un flou de bougé pour celles-ci, tandis que le corps doit rester parfaitement net. L'auteur visera ici l'obtention d'une image esthétique au détriment de la précision du document. Cela est difficile à réaliser avec un matériel classique et il faudra de nombreux essais pour espérer réussir un cliché. Ici, l'éclair du flash, trop rapide, immobilisait les ailes du papillon. Une vitesse de 1 / 250, associée à un film de 200 I.S.O. peu contrasté, m'a permis d'obtenir le cliché de la photo 7.

153

Composez votre image

Lorsque l'œil découvre une image, ce n'est surtout pas son centre qu'il voit d'abord. En imaginant un rectangle (décomposé selon la règle des tiers), l'œil se dirige vers les points de rencontre des horizontales et verticales montrées et particulièrement au tiers supérieur droit. La photo est enfermée dans un cadre dont ne doit pas sortir le regard éventuel du sujet. Partant de cette constatation, photographes et peintres utilisent plusieurs artifices de composition : en diagonale, en balance, en triangle, en cercle... Ces règles ne sont pas absolues mais sachez cependant qu'en les appliquant vous éviterez les grosses erreurs et ne vous contenterez pas d'être de simples « presse-bouton » !

L'équipement pour la photographie des papillons

Zygène de la Filipendule,
Zygaena filipendulae.
154.

Petit Sylvain,
Ladoga Camilla.
155.

Melitée orangée,
Melitaea didyma.
156.

Le matériel possible peut se composer :
– d'un réflex 24×36, semi-automatique ou automatique débrayable, cellule incorporée derrière l'objectif. Pour un travail à de forts grossissements ou la confection de « duplis », l'affichage par diodes ou écran digital éclairé est préférable aux aiguilles, rapidement invisibles. Un réflex permet de voir l'image que l'on va prendre. Il facilite la composition et évite les phénomènes de parallaxe. Le format de l'image est celui du cinéma professionnel classique et assure un bon rapport qualité/prix.
Évitez les automatismes qui donneront souvent des images macro mal exposées (sujet devant un fond clair ou sombre important) ou des sujets flous (il convient de jouer sur le couple diaphragme-vitesse en fonction de l'épaisseur ou de la mobilité du sujet). Pensez aussi que plus un appareil est sophistiqué, plus son utilisation est compliquée.
Cependant, depuis trois ou quatre ans, une nouvelle génération d'appareils a vu le jour. L'électronique remplace de plus en plus des mécanisme susceptibles de s'user, de prendre du jeu ou de rouiller. Elle apporte un plus dans la fiabilité et les rapidités de réponses des nombreux automatismes désormais possibles. Ces boîtiers sont munis notamment de flash T.T.L. et font la mise au point automatique. Éliminons tout de suite celle-ci qui, par la conception du système, risque de se faire sur le fond. Quand à la T.T.L. pour les flashs, les systèmes actuels ne donnent pas de résultats satisfaisants en macro. Espérons que d'ici peu, les constructeurs daigneront se pencher sur ce problème. Alors, tout deviendra plus facile sur le plan technique. Mais attention ! si la photo sera sans effort, correctement exposée, il faudra encore, et heureusement, l'œil du photographe pour créer une « œuvre d'art » !
Souvent absent, jugé inutile par les constructeurs, le testeur de profondeur de champ est considéré indispensable en photographie rapprochée par de nombreux spécialistes journalistes et photographes. Utiliser le testeur consiste à passer de la pleine ouverture au diaphragme réel utilisé. Le gros avantage de celui-ci est de montrer la vraie photo, celle qui sera prise, avec sa zone de netteté réelle. Il permet donc de contrôler si tout le sujet est net et ne se perd pas dans un fond confus. Les premiers appareils réflex ne possédaient qu'une visée à diaphragme réel, jugée peu pratique car rapidement trop sombre. La présélection du diaphragme avec mesure de la lumière et visée à pleine ouverture avait résolu le problème qui resurgit avec notre testeur. Au-delà de 8, vous ne verrez pratiquement plus rien dans votre viseur, surtout en studio.

154

140
141

157

Alors, le testeur ? oui, mais pour des cas précis comme les prises de vue à main levée avec un diaphragme égal ou inférieur à 8, ou sur pied, de 8 à 16, à condition d'éclairer très fortement le sujet. Donc en studio, pour un sujet non fugitif et une chaleur de lampe ne risquant pas de tuer l'animal éventuel ! À cet appareil réflex, on ajoutera un objectif standard 50 mm. Ne prenez pas un objectif à grande ouverture (1.2 par exemple) pour plusieurs raisons : leur coût plus élevé ; leur qualité moins bonne à pleine ouverture ; la pleine ouverture inutile en macro (minimum 5.6) ; les progrès des films : à titre d'exemple le résultat avec un film 100 I.S.O., diaphragme 1.7 sera supérieur à celui d'un film 50 I.S.O., diaphragme 1.2.

– de bagues allonges simples, ou hélicoïdales sans présélection (grossissement progressif comme un soufflet) ou à présélection (indispensable pour les photos d'extérieur).

– d'un objectif macro. L'inconvénient étant son prix, surtout pour une focale de 100 mm ; celle-ci permet de prendre un peu plus de recul, souvent suffisant pour éviter la fuite d'un papillon. Les 100 macro ne sont aujourd'hui guère plus encombrants que les 50 mm et peuvent être utilisés sans inconvénients à main levée. Ils sont aussi des 100 mm ordinaires très intéressants pour le portrait. Contrairement à une opinion très répandue, la profondeur de champ ne dépend pas de la distance focale de l'objectif. Vous trouverez à la fin de cette annexe un petit tableau indiquant les profondeurs de champ en fonction des grossissements et des ouvertures les plus couramment employés en macro.

Petit Collier argenté,
Clossiana selene.
157.

– d'un soufflet simple.

– d'un bon pied lourd. Utile si vous chassez à l'affût. Il vous servira pour les grossissements au-delà de 0.5 pour la photo au flash en studio. La perte de luminosité pour les rapports importants nécessite de travailler avec des vitesses lentes en lumière naturelle. La profondeur de champ étant aussi plus faible, la photographie à main levée n'est plus possible, à moins d'utiliser des films très sensibles ce qui n'est pas l'idéal !

– d'un chariot de mise au point (AV, AR, G, D).

– d'un flash électronique de nombre-guide 28-30 pour 100 I.S.O., plus éventuellement un flash de faible puissance pour l'éclairage des fonds.

Certaines photos de ce livre ont été prises avec un Zénit E, objectif Hélios, à présélection... manuelle ! plus un jeu de bagues sans présélection – ce qui a été le matériel que j'ai utilisé pendant plusieurs années. Actuellement, j'utilise surtout :

– un Pentax MX avec objectif macro 100 mm à présélection automatique.
– un Ricoh RX 1 avec objectif standard 50 mm.
– des bagues allonges à présélection.
– une bague hélicoïdale (grossissement 0.5 à 1).
– un soufflet ordinaire mais robuste allant jusqu'au grossissement 2.64.
– un chariot de mise au point d'avant en arrière et de gauche à droite.
– un flash NG 28 pour 100 I.S.O. que j'utilise en position manuelle.
– deux flashes d'appoint de NG 14 pour 100 I.S.O.
– des accessoires d'appoint de NG 14 pour 100 I.S.O.
– des accessoires tels que retardateur, pied de table, reprodia, cellule de déclenchement, doubleur de focale...

Les computeurs de flash n'ont pas été étudiés pour la macro. Il faudra étalonner le flash pour une utilisation manuelle fiable et durable.

1) Choisissez un sujet de valeurs moyennes, inanimé et assez gros pour faire des plans plus ou moins rapprochés. (À titre d'exemple j'ai utilisé l'aile d'un Paon-de-jour.)
2) Choisissez un film pour toute la série d'essais (64 ou 100 I.S.O.).
3) Disposez le matériel de prise de vue sur pied.
4) Mettez votre flash en position « manuel ».
5) Choisissez un diaphragme : 16 par exemple.
6) La variable sera la distance flash-sujet. Approximativement, le nombre guide diminue d'un tiers de 0.1 à 1, de moitié au-delà. Ces bases vont nous permettre de situer la distance approximative et réduire le nombre d'essais. Penser que le NG annoncé par le constructeur l'est pour 100 I.S.O. Un NG de 100 tombe à 21 pour 64 I.S.O.
7) Choisissez 5 grossissements. Par exemple 0.5 - 1 - 1.5 - 2 - 2.5.
8) Utilisez le tableau « flash-sujet » qui suit.

Damier Athalie,
Mellicta athalia.
158.

Grande Tortue,
Nymphalis polychloros.
159.

Piéride de la Rave,
Pieris rapae.
160.

Distances selon NG et Grossissements	*nombres guides*		–	*nombres guides*		–	*nombres-guides*		
Rapports de grossissements	8	*10*	*12*	*14*	*16*	*18*	20	22	24
0,5	33	41	50	59	67	**75**	83	92	100
1	25	31	38	44	50	**56**	62	69	75
1,5	20	25	30	35	**40**	45	50	55	60
2	16	20	25	**28**	33	38	42	45	50
2,5	13	18	**21**	25	29	32	36	40	43

Prenons par exemple un flash de NG 28 pour 100 I.S.O. Il tombe NG 21 pour 64 I.S.O. En réduisant d'1/3 pour les grossissements à 0.5 et 1, le NG doit être d'environ 21 moins 1/3 de 21 soit 14.

– *Première série d'essais au grossissement 1 :*
Prendre une vue pour chacun des NG suivants : 10 ; 12 ; 14 ; 16 ; 18. Pour cela, placer le flash aux différentes distances indiquées dans le tableau précédent (en respectant les règles d'orientation déjà décrites) soit : 41 cm ; 50 ; 59 ; 67 ; 75 pour un grossissement de 0.5.

– *Deuxième série d'essais au grossissement 1 :*
Procéder de même. Cette fois les distances seront respectivement 31 ; 38 ; 44 ; 50 ; 56.

– *Troisième série d'essais au G 1.5. :*
Au-delà de G 1, NG = 21 moins 2/3 de 21 soit 10. Les distances seront de 20 ; 25 : 30.

– *Quatrième et cinquième série d'essais :*
Grossissements respectifs de 2 puis 2.5. Procéder comme ci-dessus, en prenant bien entendu les distances correspondantes.

158

159

Noter soigneusement l'ordre des vues sur une fiche au fur et à mesure que se déroule l'expérience, en précisant bien le grossissement et la distance.
Après développement, visionner les diapos et sélectionner celles qui sont correctement exposées. ici 75 cm pour G = 0.5 par exemple. Vous pouvez en déduire que le nombre guide du flash est de 18 pour $0.1 < G < 1$. Il s'agissait ici d'un Sunpak auto 28. (Résutats en gras sur le tableau.)
Vous connaissez maintenant le NG de votre flash aux principaux rapports de grossissement. Pour les valeurs intermédiaires, consulter les tableaux des ouvrages spécialisés ou appliquer la formule (NG : nombre guide ; O : ouverture ; G : grossissement) :

$$\text{Distance flash-sujet} = \frac{NG \times 100}{0 \times (G+1)}$$

Profondeur de champ en fonction du grossissement et du diaphragme
(pr. ins. : profondeur de champ insuffisante)

Diaphragme → *Grossissement* ↓	5,6	8	16
0,3	4,5 cm	7,5 cm	15 cm
0,5	2 cm	3 cm	6 cm
0,7	1,5 cm	2 cm	4 cm
1	pr. ins.	pr. ins.	2 cm
1,5	pr. ins.	pr. ins.	1,2 cm
2	pr. ins.	pr. ins.	0,8 cm
2,5	pr. ins.	pr. ins.	0,6 cm

Au-delà du diaphragme 16 des phénomènes de diffraction peuvent se produire. Lorsqu'on travaille à main levée en lumière naturelle : 1/60e de seconde (avec de l'habitude) ; 5,6 d'ouverture de diaphragme sont des *limites* inférieures à *ne pas dépasser*.
En macro *la zone de netteté* ou *profondeur de champ* est *égale* en *avant* et en *arrière* du *plan* sur lequel on a fait *la mise au point* alors qu'en *photographie courante* cela fait 1/3 pour l'avant et 2/3 pour l'arrière. *Remarque :* La profondeur de champ double chaque fois que l'on ferme le diaphragme de deux valeurs supplémentaires (voir tableau).

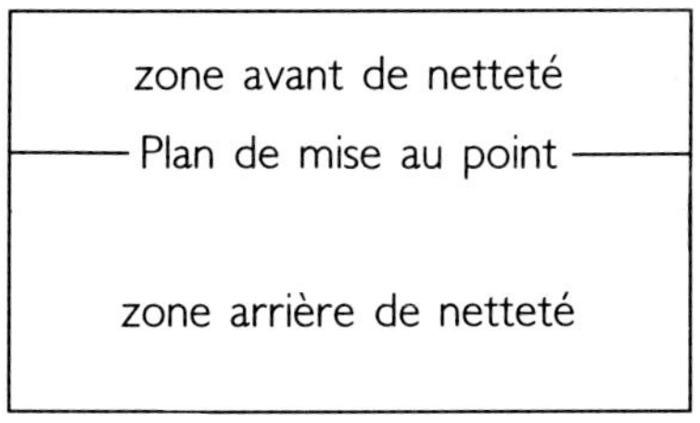

photographie courante

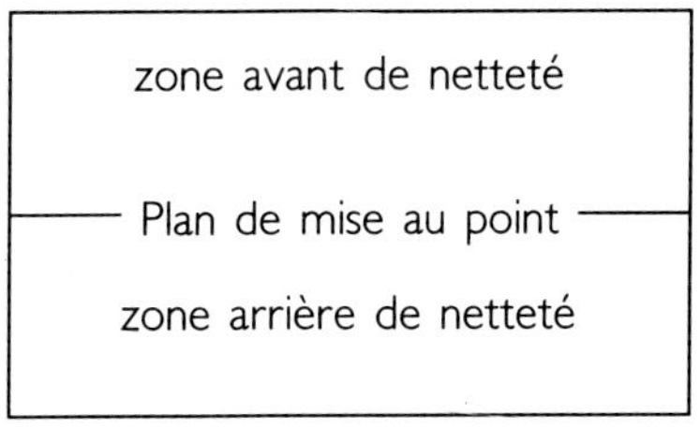

photographie rapprochée

148
149

CLASSEMENT ET RÉPERTOIRE DES PAPILLONS PHOTOGRAPHIÉS. INDEX.

CLASSEMENT SIMPLIFIÉ DES PAPILLONS

PAPILLONS DIURNES		Chenilles épaisses, bombées sur le dos Adultes petits, souvent colorés de bleu ou vert	***Argus***
PAPILLONS DIURNES		Ocelles et (ou) queues Chenilles nuse Chrysalides dressées	***Papilionidés***
PAPILLONS DIURNES		Œufs coniques et côtelés Chenilles couvertes de poils ras Chrysalides dressées Adultes blancs jaunes ou verts	***Piérides***
PAPILLONS DIURNES		Plutôt sombres, couleur souvent brune	***Satyrides***
PAPILLONS DIURNES	NYMPHALIDÉS	Chenilles souvent bigarrées et garnies d'épines Ailes fauves avec motifs noirs Dessous avec souvent taches nacrées Chrysalides suspendues	***Damiers***
PAPILLONS DIURNES	NYMPHALIDÉS	Ailes des mâles avec reflets violets Chenilles avec deux cornes rappelant une limace	***Mars Changeants***
PAPILLONS DIURNES	NYMPHALIDÉS	Chenilles avec verrues et bouquets d'épines colorées de vert Chrysalides avec verrue dorsale	***Sylvains***
PAPILLONS DIURNES	NYMPHALIDÉS	Face inférieure ailes sombres Chrysalides suspendues Chenilles garnies d'épines Adultes aiment se poser au soleil	***Vanesses***

CLASSEMENT DES PAPILLONS PHOTOGRAPHIÉS

Lycénidés	**Argus bleu, Argus bronzé**
Hespéridés	**Sylvaine**
Papilionidés	**Flambé, Machaon**
Piéridés	**Aurore, Citron, Souci (Colias), Piéride du Chou, Piéride de la Rave, Gazé**
Satyridés	**Amaryllis, Demi-Deuil, Mégère, Némusien, Myrtils, Silène**
Damiers	**Brentis daphné, Mélitée orangée, Petit Nacré, Damier Athalie, Tabac d'Espagne, Petit Collier argenté, Petite Violette, Grand Collier argenté, Grand Damier, Grand Nacré**
Apaturidés	**Grand Mars changeant**
Limenitidés	**Petit Sylvain**
Vanesses	**Belle-Dame, Carte géographique, Morio, Paon-de-jour, C blanc, Vulcain, Petite Tortue, Grande Tortue**

ORDRE DES LÉPIDOPTÈRES RHAPALOCÈRES

Antennes en massue, ailes repliées à la verticale au-dessus du corps, au repos. Appelés communément papillons de jour ou diurnes

NYMPHALIDÉS (Damiers, Apaturidés, Limenitidés, Vanesses)

CLASSEMENT SIMPLIFIÉ DES PAPILLONS

PAPILLONS NOCTURNES	Corps lourd, velu, sans trompe Chenilles poilues, s'enroulant	***Bombyx***
	Chenilles sans fausses pattes anales, extrémité pointue	***Drépanides***
	Couleurs vives Chenilles très velues	***Écailles***
	Chenilles arpenteuses Ailes délicates	***Géométrides***
	Dimorphisme sexuel Trompe atrophiée, alimentation impossible Chenilles avec souvent touffes de poils vivement colorés	***Lymantrides***
	Ailes en ciseaux Chenilles s'enroulant	***Noctuelles***
	Assez grands, petite saillie dorsale sur ailes repliées Disparition des fausses pattes anales des chenilles Formes curieuses des chenilles Sous-famille : chenilles processionnaires	***Notodontes***
	Femelles aptères Larves dans un fourreau fait de débris végétaux et sans fausses pattes	***Psychides***
	Petits papillons Ailes en languettes en forme de plumes réalisant un T au repos avec l'axe du corps	***Ptérophorides***
	Ocelles sur ailes Grande taille des cocons Pas de trompe	***Saturnides***
	Ailes triangulaires Couleurs vives Chenilles cornues	***Sphinx***
	Petits, couleurs vives sur fond noir ou métallisé Cocons éffilés, parcheminés	***Zygènes***

CLASSEMENT DES PAPILLONS PHOTOGRAPHIÉS

Bombycidés	**Feuille-Morte du Chêne**	ORDRE DES LÉPIDOPTÈRES HÉTÉROCÈRES Antennes de formes diverses. Ailes au repos en toit ou à plat
Drépanidés	**Hameçon**	
Arctiidés	**Écaille marbrée, Écaille-Martre, Goutte-de-sang**	
Lymantridés	**Orgie pudibonde, Orgie étoilée, Cul brun**	
Noctuidés	**Craintive**	
Notodontidés	**Grande Queue fourchue, Bois veiné**	
Psychidés	**Psyché du Gramen**	
Ptérophoridés	**Ptérophore blanc**	
Saturnidés	**Grand Paon-de-nuit, Petit Paon-de-nuit Hachette**	
Sphingidés	**Sphinx Demi-Paon, Sphinx gazé, Sphinx du Tilleul, Sphinx à Tête-de-Mort, Sphinx de l'Euphorbe, Moro-Sphinx**	
Zygaenidés	**Zygène turquoise, Zygène de la Filipendule**	

RÉPERTOIRE DES PAPILLONS PHOTOGRAPHIÉS

Amaryllis,
Pyronia tithonus.

Trés commun. Champs, haies, bois clairs. La chenille vit sur les Graminées. La chrysalide est suspendue à un brin d'herbe. L'imago est très attiré par les fleurs de ronces.

Argus bleu,
Polyommatus icarus.

Commun. Prairies et collines. Chenilles sur diverses Légumineuses dont le Trèfle et le Lotier. Une à trois générations par an.

Argus bronzé,
Lycaena phlaenas.

Commun partout. Prés, bords des routes et collines fleuries. La chenille se nourrit d'Oseille et de Renouées. Chrysalide sur tige ou feuille. Quatre générations par an.

Aurore,
Anthocharis cardamines.

Prairies fleuries, lisières de bois, près des lieux humides. La chenille se nourrit de Crucifères et notamment de Cardamine. Une seule génération par an.

Belle-Dame,
Cynthia cardui.

Grand migrateur. La chenille vit surtout sur le Chardon et les Orties. Au moins deux générations par an.

Bois veiné,
Clignodonta siesae.

Papillon de nuit. Lisières de bois, haies, zones marécageuses. La chenille se nourrit de feuilles de Saule. Chrysalide dans un cocon et dans le sol au pied d'un arbre. Deux ou trois générations par an.

Brentis daphné,
Brentis daphné.

Bords de route, lisières de bois. La chenille se nourrit notamment de feuilles de Ronce. Une seule génération par an.

Carte géographique,
Araschnia levana.

Rarement commune, elle fréquente clairières et sentiers forestiers. Ponte très caractéristique avec des œufs empilés, formant des tours. Chenille noire et épineuse. Deux générations de couleurs différentes par an, longtemps prises pour des espèces distinctes.

C blanc (ou Robert-le-Diable ou Gamma),
Polygonia c-album.

Commun. Recherche les clairières, haies et jardins. La chenille se nourrit d'Orties, mais surtout de Houblon. Chrysalide suspendue à la plante-hôte. Deux générations par an.

Citron,
Gonepteryx rhammi.
Commun. Lieux découverts et bois clairs. La chenille se nourrit de Bourdaine et se chrysalide sur la plante nourricière. Une seule génération par an, parfois deux, les étés chauds et secs.

Craintive ou Méticuleuse,
Phlogophora meticulosa.
Papillon de nuit. Haies, champs, jardins, friches. Se nourrit de nombreuses espèces de plantes basses et d'arbustes. Chrysalidation sur le sol, dans un léger cocon. Durée de développement très variable.

Cul brun,
Euproctis chrysorrhoea.
Commun. Vergers, haies, parcs et jardins. Parfois très abondante, la chenille peut provoquer des dégâts considérables et se nourrit de Prunellier, Aubépine et arbres fruitiers. Poils urticants. Une seule génération par an.

Damier Athalie,
Mellicta athalia.
Commun. Prairies, landes, clairières. La chenille se nourrit notammant de Plantain et de Mélampyre. Chrysalide suspendue à la plante-hôte. Une à deux générations par an.

Demi-Deuil,
Melanargia galathea.
Prairies, talus, bords de route, peut être localement très abondant. Chenille se nourrissant de diverses Graminées dont la Fétuque. Chrysalide au pied de la plante nourricière.

Écaille marbrée,
Calliporpha dominula.
Papillon dit de nuit. Commun. Lieux humides. Chenille velue et noire se nourrissant d'Oseille, d'Ortie, de Grande Consoude... Cocon parmi les feuilles. Une seule génération par an.

Écaille-Martre, ***Arctia caja.***
Papillon de nuit. Commun. Lieux boisés, friches, jardins. La chenille marron-noir, très velue et très vive, se nourrit de nombreuses variétés de plantes basses. Une seule génération par an.

Feuille-Morte du Chêne,
Gastropacha quercifolia.
Papillon de nuit. Commun. Bois, haies, vergers. La chenille se nourrit de feuilles de Prunelier, d'Aubépine, de Saule... Chrysalidation dans un cocon dissimulé dans des brindilles. Une à deux générations par an. Les ailes repliées du papillon font penser à une touffe de feuilles mortes.

Flambé,
Iphiclides podalirius.
Se raréfie. La chenille verte en forme de limace se nourrit d'arbres ou d'arbustes de la famille du Prunier. Deux générations par an.

Gazé, ***Aporia crataegi.***
Peut être localement très abondant. Fréquente haies et vergers. La chenille se nourrit d'Aubépine et de divers arbres fruitiers. Elle peut causer des dégâts importants aux vergers. Une seule génération par an.

Goutte-de-sang,
Iyria jacobaea.

Papillon de nuit. Commun partout. Fréquente prairies, friches, landes, dunes... La chenille se nourrit de Séneçon et vit souvent en groupe. Chrysalide dans un cocon, sur ou dans le sol. Une seule génération par an.

Grand Collier argenté,
Clossiana euphrosyne.

Clairières et bois clairs. Recherche fleurs et matières animales en décomposition. La chenille se nourrit surtout de Violettes. Une seule génération par an.

Grand Damier,
Melitaea phoebe.

Régions vallonnées, prairies et bois. La chenille épineuse se nourrit de Centaurée et de Plantain. Deux ou trois générations par an.

Grande Queue fourchue,
Cerura vinula.

Haies, bois clairs. La chenille se nourrit de Saule ou de Peuplier. Cocon parcheminé très dur qui se confond avec l'écorce.

Grande Tortue,
Nymphalis polychloros.

Se raréfie. Fréquente lieux boisés : Saules, Peupliers, Ormes, arbres fruitiers. Les chenilles se nourrissent des feuilles de ces arbres.

Grand Mars Changeant,
Apatura iris.

Se raréfie. Grande espèce de papillon, fréquentant les bois clairs et les lisières, aux reflets bleutés, variables chez le mâle, dus à la réfraction de la lumière sur les écailles. La chenille ressemble à une limace avec sa tête ornée de deux cornes et vit essentiellement sur le Saule. Chrysalidation sous une feuille de la plante-hôte. Une seule génération par an.

Grand Nacré,
Mesoacidalia aglaja.

Prairies fleuries et landes. La chenille se nourrit surtout de Violettes. Chrysalide dans un cocon de soie et de feuilles, attachée à la plante-hôte.

Grand Paon-de-nuit,
Saturnia pyri.

Se raréfie mais peut être localement abondant certaines années. Le plus grand papillon d'Europe. La chenille se nourrit du feuillage d'arbres fruitiers, mais aussi de Frêne et d'autres feuillus. Gros cocon parcheminé, souvent fixé à un rameau. Une seule génération par an.

Hachette, *Aglia tau.*

Papillon de nuit. Assez commun, mais peu abondant, fréquentant surtout les Hêtraies. Au repos, il replie ses ailes à la manière d'un papillon de nuit, ce qui lui donne l'aspect d'une feuille morte. La chenille, qui possède quelques tubercules fourchus, pointus et rouges au début de sa croissance, se nourrit de Hêtre, de Bouleau, de Chêne... Une seule génération par an.

Hameçon,
Drepanan binaria.

Papillon de nuit. Chenille à l'extrémité conique, se nourrissant de Chêne. Chrysalidation dans un cocon, entre deux feuilles. Deux générations par an.

Machaon ou Porte-Queue,
Papilio machaon.
Se raréfie. La chenille se nourrit d'Ombéllifères et notamment de Carotte. Chrysalide verte ou brune, fixée à la plante-hôte. Deux ou trois générations par an.

Mélitée orangée,
Melitaea didyma.
Commun partout. La chenille se nourrit de Véroniques et de Plantain. Chrysalide blanchâtre, ponctuée de noir et d'orange. Deux à trois générations par an.

Morio, *Nymphalis antiopa.*
Peu abondant, aimant les matières en décomposition et les fruits fermentés, il fréquente les bois clairs et les lisières. La chenille se nourrit surtout de Saule. Chrysalide fixée à la plante-hôte. Une seule génération par an.

Moro-Sphinx,
Macroglossum stellatarum.
Papillon dit de nuit, mais aux activités diurnes. Très commun et migrateur vers le nord de l'Europe. La chenille se nourrit de Gaillet et de Garance. Cocon lâche à la surface du sol. Vol stationnaire pour butiner. Deux générations par an.

Némusien,
Lasiommata maera.
Assez commun, lieux secs et ensoleillés. La chenille se nourrit de diverses Graminées. Chrysalide fixée à la plante-hôte. Deux à trois générations par an.

Orgie étoilée,
Orgya antiqua.
Papillon de nuit. Commun. Femelle aptère. Lieux boisés, parcs et jardins. La chenille, ornée de quatre touffes de longs poils jaunâtres sur le dos peut envahir de nombreux arbres ou arbustes à feuilles caduques. Une à trois générations par an.

Orgie pudibonde ou Patte étendue,
Elkneria pudibunda.
Papillon de nuit, parfois abondant. Chenille poilue caractéristique se nourrissant de divers feuillus et de Houblon. Cocon léger sur le sol ou près du sol, sur une feuille. Une génération par an.

Paon-de-jour, *Inachis io.*
Commun. Jardins, bords de routes, friches, haies... La chenille noire et épineuse, ponctuée de blanc, se nourrit de feuilles d'Orties. Une génération par an.

Petit Collier argenté,
Clossiana selene.
Lisière des forêts et clairières. La Chenille se nourrit de Violettes. Chrysalide fixée sur la plante-hôte. Une à deux générations par an.

Petite Tortue,
Aglais urticae.
Espèce migratice commune, que l'on rencontre dans les endroits fleuris. Une à trois générations par an.

Petite Violette,
Clossiana dia.

Lieux secs et landes. La chenille se nourrit de Violettes. Une ou deux générations par an.

Petit Nacré,
Issoria lathonia.

Grand migrateur. Terrains sableux et accidentés, attiré par les scabieuses. Chrysalide dans un cocon de soie et de feuilles. Deux à trois générations par an.

Petit Paon-de-nuit,
Pavonia pavonia.

Landes, friches, lisières. La chenille se nourrit de nombreuses variétés de plantes dont le Saule, la Ronce, la Bruyère. Chrysalidation dans un cocon parcheminé, sur la plante nourricière. Une génération par an.

Petit Sylvain,
Ladoga camilla.

Ce papillon qui fréquente les régions boisées apprécie les matières animales en décomposition et les fleurs de Ronce. La chenille verte et épineuse, se nourrit de Chèvrefeuille. Une seule génération par an.

Piéride du Chou,
Pieris brassicae.

Espèce très commune qui fréquente les zones cultivées et peut causer des dégâts. La chenille se nourrit de Crucifères et notamment de Choux. Deux ou trois générations par an.

Piéride de la Rave,
Pieris rapae.

Très commune. Terres cultivées et prairies. La chenille se nourrit de Crucifères. Jusqu'à huit générations par an.

Psyché du Gramen,
Canephora unicolor.

Les mâles ont des ailes, plus poilues qu'écailleuses, tandis que les femelles sont aptères, aveugles, dépourvues d'antennes et de pattes. Aussi vivent-elles dans un fourreau qu'elles se confectionnent avec des débris végétaux et des grains de sable. Polyphages.

Ptérophore blanc,
Ptérophorus pentadactyla.

Commun. Friches, jardins, haies... La chenille se nourrit de Liseron. Ailes de l'imago en forme de plumes formant un T au repos, avec l'axe du corps (caractéristique de la famille). Vol peu soutenu. Une génération par an.

Silène, *Brintesia cirse.*

Grand papillon assez répandu dans les forêts claires où le Chêne constitue l'essence dominante. La chenille se nourrit de Graminées variées. L'imago se pose sur le sol ou sur les troncs d'arbres et fuit à la moindre approche. Une seule génération par an.

Souci, *Colias crocea.*

Assez commun, on le rencontre encore en novembre, quand le climat est favorable. La chenille verte, ornée sur les flancs d'une raie rouge et jaune et de points noirs, se nourrit de diverses Légumineuses et notamment de Lotier. Quatre générations par an.

Sphinx à Tête-de-Mort,
Acherontia atropos.

Migrateur originaire d'Afrique, se rencontre surtout dans les régions méditerranéennes. La chenille consomme des feuilles de Solénacées et notamment de Pomme de terre. Chrysalide dans une loge souterraine. L'imago ne visite pas les fleurs.

Sphinx de l'Euphorbe,
Hyles euphorbiae.

Assez commun. Préfère les régions basses. La chenille, vivement colorée, se nourrit surtout d'Euphorbe maritime et d'Euphorbe petit-cyprès. Cocon formé de soie et de sable, sous la surface du sol. Deux générations par an.

Sphinx demi-Paon,
Smerinthus ocellata.

Papillon de nuit. Lieux boisés, jardins, vergers, berges. La chenille verte ornée d'une corne bleue se nourrit de Saule, de Pommier, de Peuplier. Chrysalidation dans une loge souterraine. Une génération par an.

Sphinx du Tilleul,
Mimas tiliae.

Commun. Lieux boisés et endroits plantés de Tilleuls. La chenille verte se nourrit du feuillage du Tilleul, mais aussi de l'Orme, de l'Aulne, du Bouleau et du Chêne. Brun rose au terme de sa croissance, elle se chrysalide dans le sol.

Sphinx gazé,
Hemaris fuciformis.

Papillon dit de nuit mais aux activités diurnes. Lieux boisés, chemins, clairières. La chenille se nourrit de Chèvrefeuille, de Gaillet, de Symphorine. Léger cocon à la surface du sol. Anneaux rougeâtres sur l'abdomen. Ailes transparentes. Capable de voler sur place. Une génération par an.

Sylvaine,
Ochlodes venatum.

Commun. Friches, lisières. La chenille vit sur les Graminées, faisant des abris en forme de tube avec les feuilles. Cocon entre les feuilles. Deux ou trois générations par an.

Tabac d'Espagne,
Argynnis paphia.

Assez commun, de grande taille, il fréquente les bois clairs, clairières, haies, appréciant les fleurs de Ronce. La chenille se nourrit surtout de Violettes. Une seule génération par an.

Vulcain ou Amiral,
Vanessa atalanta.

Commun mais jamais très abondant, migrateur vers le nord. Bois, vergers, jardins. La chenille vit sur l'Ortie. Chrysalide sur la plante-hôte. Deux ou trois générations par an.

Zygène de la Filipendule,
Zygaena filipendulae.

Prairies, culture, dunes. La chenille se nourrit de Lotier corniculé. Cocon lisse en forme de fuseau, parcheminé, fixé à une tige de Graminée. Le corps de ce papillon, à tous ses stades, renferme du cyanure !

Zygène turquoise,
Adscita statices.

Commun et souvent abondant. Tout type de terrain. La chenille, mineuse au début de son développement, vit sur l'Oseille. Léger cocon tissé sur une tige ou une feuille. Imago attiré par les fleurs de Lichnis (Œillet des prés). Une seule génération par an.

INDEX

(Les numéros qui suivent les noms renvoient aux pages où il y a les photos.)

INDEX DES NOMS LATINS

Maquette de Hubert Bézu

Achevé d'imprimer par Maury-Imprimeur S.A.
45330 Malesherbes
N° d'imprimeur : C90/29230